斎藤一人

あなたも周りの人も
大成功!

励《はげ》まし力

四辻友美子
Yotsuji Yumiko

PHP研究所

「銀座まるかん」[※1]で、
ずっと売り上げ最下位だった「みっちゃん先生商店」[※2]。
そんなみっちゃん先生商店が、
あるときを境に、不動の1位を獲得しました。
その立役者が、この本を書いてくれたユミちゃんです。

ユミちゃんは、励ましの名人です。
「励ます」という、たった1つの武器で、
売り上げを何倍にも増やした奇跡の人。

この本を読めば、あなたもユミちゃんのように、
励ましの力で奇跡を起こすことができますからね。

さいとうひとり

（※1）斎藤一人さんが創業した、サプリメントや化粧品の製造・販売会社。現在、正規販売代理店8社で運営されている。

（※2）銀座まるかん正規販売代理店の1つで、一人さんの弟子・みっちゃん先生が社長を務める。

（注）この本の中には「神様」という言葉が頻繁に出てきますが、一人さんが神様という言葉が好きなだけで、宗教とはまったく関係ありません。

はじめに

四辻友美子

斎藤一人さんとの出会いは、２００４年にさかのぼります。

交際していた男性（現在の主人です）が一人さんの大ファンで、その彼から紹介されて一人さんの本を読んだのがきっかけでした。

本に綴《つづ》られている言葉は、どれも世間の常識とは真逆のことばかり。にもかかわらず、物事の本質をするどく突いていて、「本当だ！」「これも本当だ！」と腑《ふ》に落ちることの連続なのです。

世間の常識を妄信していた私にとって、これほど衝撃的な本はありませんでした。

「今まで自分が求めていたのはこれだ！」

そう確信し、たちまち私も一人さんの大ファンに。

以来、週末には「一人さんファンの集まるお店」に入《い》り浸《びた》る生活が続きました（笑）。

一人さんファンの集まるお店には、まるかん正規販売代理店の社長さんたちをはじめ、一人さんご自身もよく遊びに来てくださいましたので、みなさんと直接お話しさせていただく機会にも恵まれました。夢のような、本当に楽しい時間です。

そのうちに、みっちゃん先生から、こんなお願いをされるようになりました。

「今、ちょっと会社の人手が足りないの。ボランティアで申し訳ないけれど、もしよかったら、時間のあるときにお手伝いしてもらえないかしら？」

みっちゃん先生って、誰にでもさりげない気遣いのできる優しい人です。そんな素敵なみっちゃん先生からのお願いですから、もちろん二つ返事で快諾。

当時、私は派遣社員として働いていましたので、体の空く土日だけ、みっちゃん先生商店でお手伝いをさせていただくようになったわけです。

そしてその後、みっちゃん先生から「正式に、うちの社員として来てくれない？」とお誘いいただき、今にいたります。

実はみっちゃん先生から社員にお誘いいただいたとき、偶然にも、私の仕事も派遣契約が切れるところでした。それまで8年間もお世話になった会社だったのですが、業務縮小で勤務先の営業所がクローズすることになったんですね。

私としては、「また就職活動をしなければならないなぁ……」と思っていたところでしたので、まさに渡りに船。こんなことって本当にあるんだなと感謝しました。

今思えば、このご縁も、一人さんのおっしゃる「神はからい（神様のおはからい）」なのでしょうね。


こうした経緯でみっちゃん先生商店で働くことになった私ですが、入社して何よりも驚いたのは、ものすごく楽しい職場だったことです。

まず、みんな大きな声で笑います。常に誰かが、ワハハハ〜って爆笑している（笑）。

それに加えて、音楽とか、一人さんが語っているＣＤなども大音量で流れています。

さらに、何かとスタッフがシャンシャン鈴を鳴らしたりするものだから、めちゃくちゃ騒がしいんです（笑）。

電話がかかってこようが、お客さんが来ようが、関係ありません（笑）。

前に勤めていた会社は、ちょっとしゃべっただけでも「シーッ」なんて言われる会社でしたから、「この会社は何だ⁉」って（笑）。

でも、賑やかなのには、ちゃんとわけがあるんです。

賑やかで楽しい波動（周波数のようなもの）を出す。

明るい波動に満ちていると、その波動は電話の先まで伝わります。そうすると、電話の相手も楽しくなって元気になるからって。

仕事はもちろん、人生は「明るく、楽しく」というのが、一人さんの教えの基本。そういう波動があれば、仕事だってうまくいくし、幸せになれるよっていう考え方だからこそ、みんな仕事を楽しんでいるし、必然的に騒がしくもなる（笑）。

ちなみに、社長であるみっちゃん先生から「この約束だけは破らないでね」と言われているのが、次の3カ条です。

①楽しくね
②無理をしないでね
③おなかを空かせないでね

普通の会社だったら、「誠実」「努力」「ホウ・レン・ソウ（報告・連絡・相談）」みたいな訓示が並びそうなものですが（笑）、みっちゃん先生商店ではまったく違います。嫌なことはしなくていいし、好きなように伸び伸び働いてねって。こんなに自由な会社は、世界じゅうどこを探してもないでしょう。

しかも私の場合、派遣社員のときよりずっと待遇も良くなったのですから、これほどありがたいことはありません。

楽しく働かせていただけることが嬉しくて、私は社員になった当初、一人さんにこんな相談をさせていただいたことがあります。

「私は、みっちゃん先生商店で何をしたらいいですか?」

この質問に、一人さんが返してくださった言葉は、こうです。

「みっちゃん先生隊を、一番にしな」

当時、みっちゃん先生隊は、まるかんの中で売り上げが最下位でした。それを、

「ユミちゃんの思う通りのやり方でいいから、みっちゃん先生隊を1位にしてごらん」

とおっしゃったのです。

私のやり方って何だろう――。

しばらく悩みましたが、そのうちにパッと思いついたことがあります。それが、

「励まし力」

一人さんを見ていると、お弟子さんはもちろんのこと、周りにいる人たちがどんどん成功していきます。それはなぜかというと、一人さんの言葉で元気になったり、輝きだしたり、自分の進むべき道を見つけられたりするからです。

要は、みんな一人さんに励まされることで成功していく。

このことに気づいた私は、一人さんの教えをもとに仲間と励まし合うことで、みっちゃん先生隊を1位にしようと考えたわけです。

結果、最下位だったみっちゃん先生隊は、内部にいる私たちも驚くほどグングン売り上げを伸ばし、ついに1位を獲得！　しかも、今にいたるまで1位の座をキープし続けることができています。

やっぱり一人さんの教えはスゴい！

そんな確信を得た私は、今回の本でも、「励まし力」をテーマに一人さんにさまざまな質問をさせていただきました。

改めて一人さんにお話を伺ってみると、その回答は目からウロコの連続。励まし力ってこんなに奥深いものだったんだと、初心に返ることができました。

この世の中をどう生きていけば、私たちは幸せになれるのか——。

本書では、その核心に迫っています。

この本を通じ、みなさんの人生が少しでも軽やかに、楽しいものとなったら嬉しいです。

斎藤一人　励《はげ》まし力

目次

第1章

人は「信頼」によって励まされる

第2章

信じるだけで、自分に都合のいい現実がもたらされる

第3章

信じるって、ものすごく軽～いもの

第4章

失敗が成功に変わるカラクリって？

第5章

不幸をシャットアウトする方法があるんです

第6章

信じることで、肩の荷を下ろせる

装幀　根本佐知子（梔図案室）
イラスト　あまささみ
編集協力　古田尚子

第1章

人は「信頼」によって励まされる

励ましとは「信じる」こと

ユミ　一人さんを見ていると、周りにいる人がみんな、一人さんの励ましによって成功していきます。
私自身も、昔の自分からは想像もつかないほど考え方も人生も変わってびっくりしていますが、一人さんのそばにいる人は、なぜこんなにも変われるのでしょうか？

一人　それはね、励まし方にコツがあるんです。

コツがあるって言うと、何か特別な言葉を使うんじゃないかと思われるかもしれないけれど、そういうことじゃないの。

俺の励ましって、「信じる」ことなんだ。

信頼の波動を送ってあげると、その波動を受け取った人は、誰でもうまくいくようになっているの。

時々、人からこんなふうにお礼を言われることがあるんです。「あのとき、一人さんがこう言ってくれたおかげで、自殺しないで済みました」「落ち込んでいるときに、一人さんの言葉ですごく勇気づけられました」

だけどね、俺としては特別な言葉をかけたつもりはないの。励まそうとした覚えもない。言ってみれば、単なる日常会話です（笑）。

それがなぜ、人の励ましになるのか。結局のところ、一人さんはその相手を信頼しているだけなんだよね。

信頼というベースがあって、そのうえで出てきた言葉だから、相手の心に響くんだろうね。

ユミ ただ信頼してあげる。それだけでうまくいくんですね。

一人 そういうこと。だって、心から相手のことを信頼していたら、疑うような言葉や、傷つけるような言葉は絶対に出てこないよね？

「大丈夫だよ」とか、「心配ないからね」とか、相手が安心できるような言葉しか出てこないはずだよ。信頼しているから、ハッパをかけたり、お尻を叩いたりすることもないんだ。

逆に言うと、人を不快にする言動になるのは、相手を信頼していないからだよ。

一人さんってね、どんな相手であっても信頼しているし、相手の心を軽くしてあげたいという気持ちがあるんです。その気持ちがあるから、相手にとって一番ほしい言葉が自然に出てくるの。

そんなことでうまくいくんですかって、うまくいっているから、今日《こんにち》の俺があるんだよね（笑）。

うわべだけの言葉では、人を励ませないよ

一人　ユミちゃんは、みっちゃん先生商店に入る前、ボランティアで仕事を手伝ってくれていたときがあるよね。
それを見て、俺は「この人はみっちゃん先生隊の宝になるぞ、いい人が来てくれたね」って、みっちゃんに言ったらしいんです。俺は覚えていないんだけど（笑）。

ユミ　あとになってその話を周りの人から聞いたとき、本当に嬉しかったし、ものすごく励まされました！

一人　それはよかった。でもね、本当に俺は覚えていないの（笑）。
なぜ覚えていないかっていうと、俺にとっては日常会話にすぎないからだよ。目

の前にウマい饅頭《まんじゅう》があって、「この饅頭、ウマいなぁ」って言うのと同じようなものなんです。だって、饅頭を励ましてどうすんのって話でしょ？(笑)。

俺がユミちゃんのことを信頼しているから、当たり前に出た言葉なの。

だからユミちゃん本人じゃなくて、みっちゃんに「よかったな」って言ったんだろうね。


こう言っちゃなんだけど、だいたい励まそうとすること自体、相手を信じていないんです。本当の励ましは、そういう意識のないところで、サラッと出るものなんだ。

ほとんどの人は、相手を信じることもしないで、何かいい言葉を使って励まそうとするからうまくいかないの。

あのね、そんなうまい言葉なんかあるはずがない(笑)。心が伴わない、うわべだけの言葉で人は励まされるわけがないんです。

ユミ　一人さんやみっちゃん先生に何か相談すると、必ず「それでいいんだよ」「やりたいようにしたらいいよ」って言ってもらえるんですね。「もっと売り上げを増やせ」とか、そんなことは一度も言われたことがないし、私の言葉を否定されたことも一度もありません。

ここまで信じてもらっていると、本当に安心感が強いです。

だからこそ思い切って仕事に全力投球できるし、もっと会社に貢献できる自分になりたいっていう思いも膨らむ。自主的に「学びたい」って思えるんです。

一人

信じるって、そういうことなんだ。

人を信じていると、相手は「この人は自分を信じてくれている」と思って、こちらのことを好きになってくれるよね。

うちの例で言うと、みっちゃんは俺のことが好きだから、仕事を頑晴《がんば》る（一人さんは、頑張るをこう書きます）。

ユミちゃんは、みっちゃんが好きだから仕事を頑晴《がんば》る。

特約店の人たちは、ユミちゃんが好きだから仕事を頑晴《がんば》る。

信じることで「好き」が連鎖して、みんながうまくいくんだ。お互いが信頼のもとに仕事をすれば、うまくいかないわけがないんです。
俺は今まで、社員に「売り上げを増やせ」と言ったことがないんです。何十年も
会社を経営してきて、1回も言ったことがない。
だから、うちの会社はうまくいっているんだよ。

ユミ　口先だけで人を励まそうとしている人の心には、本当はどんな考えがあるのでしょうか？

一人　もっと頑張れ、もっと働けってハッパをかける人ってね、相手を励まそうとしているわけじゃないよ。自分の思い通りに人をコントロールしようとしているだけなの。
そういう思惑が波動となって相手に伝わるから、ハッパをかけられた人は、ものすごく嫌な気持ちになるんだよね。

相手を信じるのではなく、相手の中の「神」を信じる

ユミ　自分のことを信じてくれる人が誰もいなかったら、人はどうなりますか？

一人　実際のところ、世の中って、誰からも信じてもらえていない人のほうが多いんじゃないかな、と一人さんは思います。

誰かに「あなたを信じてるよ」とか言われたことがあるかもしれないけれど、その「あなた」って誰ですかって話なんだよね。

俺が言っているのは、あなたの中にいる「神」を信じているよってことなんです。あなたという「我《が》」を信じているわけじゃないんだ。

人間の中には、内神様《うちがみさま》っていう神様がいるんです。

親神様《おやがみさま》と呼ばれる大きい神様から、俺たちは「分《わ》け御霊《みたま》」というものをもらって、この世に生を受けたんだよね。

その分け御霊である内神様は、誰の中にもいます。もちろん、あなたの中にも。

で、神様だから、絶対に成功しかしないんです。

ということは、内神様が存在している俺たちも、失敗するわけがないの。

ユミちゃんに出会って、俺が「この人はみっちゃん先生隊の宝になるぞ」と言ったのは、もちろんユミちゃんの仕事ぶりに惚れたのは当然だけど、ユミちゃんの中にいる神を信頼したからなんだ。

別に、宗教の話をしているわけじゃないんです。

自分の中にも神がいて、相手の中にも神がいる。その、間違いを犯すはずのない神を信じたらいいよって話なんです。

あのね、「我」って人間の感情だから、矛盾だらけだし、間違いだらけなの。とうてい信じることはできないよね（笑）。

だけど俺たちの中にいる神は、絶対に間違ったことはしない。それを信じてごらんっていうのが、一人さんのやり方なんです。

ぜんぜん難しいことじゃないし、俺はそうやって成功してきたよっていうことを、この本で伝えられたらいいと思っているんだ。

信じてみたい人は、挑戦してごらん。今まで相手の中にいる神を信じたことのない人が少しでも信じはじめると、ものすごい効果が出るからね。

失敗は「我」が招いているだけ

ユミ　我が強い人は、自分の中にいる神の存在に、なかなか気づけませんよね。

一人　そうかもしれない。

あのね、人の魂を丸いボールに見立てると、そのボールの表面は「我」で覆われているの。で、その中に「神我《しんが》」っていう、本当の自分があるんです。

これが神なんだ。

神はどんなに難しいことでも成し遂げる。失敗することができないんだよね。

じゃあ人はなぜ失敗を繰り返すんですかっていうと、その失敗は我が招いたことなの。

誰にでも神がいるということは、本来、人は誰でも成功する要素を持っているということだよね。なのに、無意識のうちに、その要素を我でつぶしちゃっているんです。すごく残念（笑）。

一人さんは、商売をはじめてから失敗したことがないどころか、1円の赤字すら出したことがないんです。1か月の赤字もない。

出した商品は、どれも当たりか大当たりなんです。それ本当ですかって？
嘘を言ってもしょうがないよね（笑）。

別に自慢話をしたいわけじゃなくて、同じことがみんなにもできるよって言いたいんです。

神を信じることができれば、誰でも絶対に成功できる。

商売で行き詰まっている人がいるとするよね。

その人に、「この言葉で元気にすることができた」ということはあると思います。だけど、信頼のない言葉で元気になれるのは、その瞬間だけなの。

一時しのぎにはなっても、信じるという前提のない言葉で成功がずっと続くことはありえないんです。

ユミ　一見、失敗のように見えることでも、神を信じていれば失敗にはならないのでしょうか？

一人　そうなんだ。失敗というのはなくて、途中経過があるだけなの。

人の魂

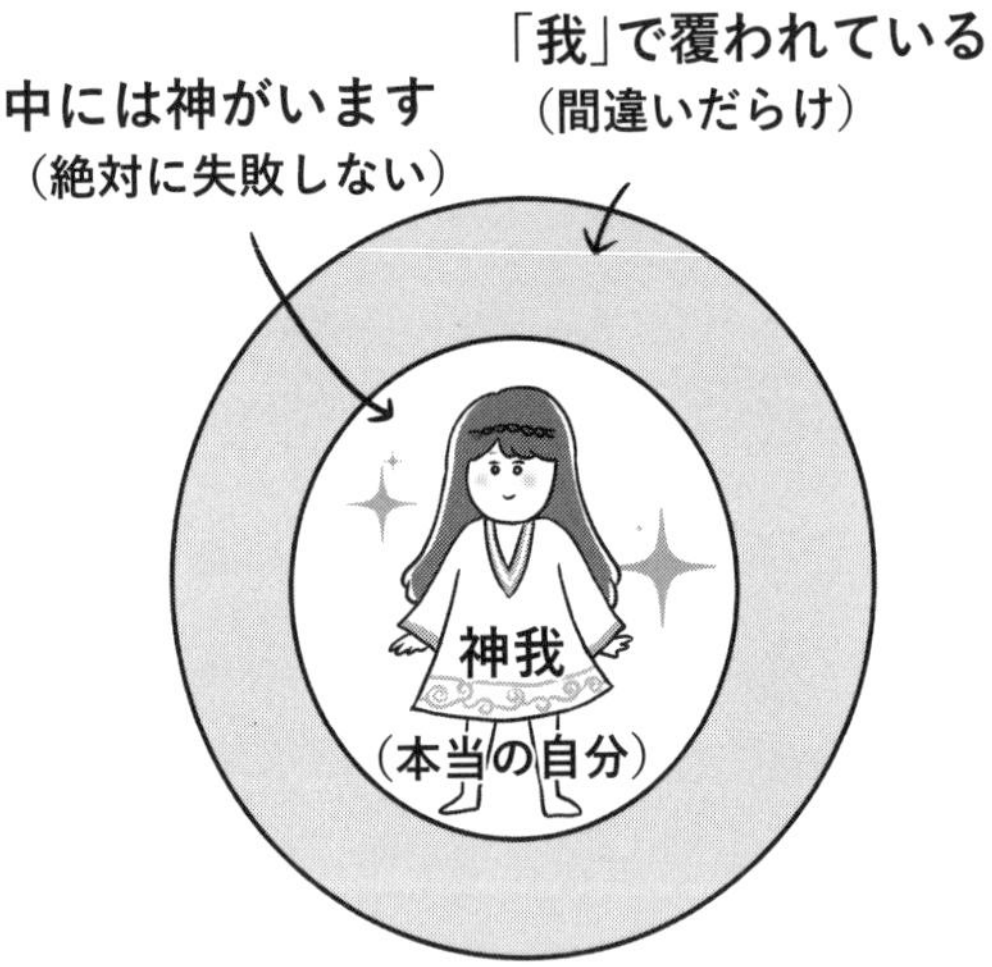

たとえば東京から青森まで旅するにしても、いきなり青森には行くことはできないよね。宮城を通り、岩手を通過していく。

そのときに、いちいち「なんだ、宮城に来るつもりはなかったのに」「岩手に来たってしょうがない」なんて思わないよね？　むしろ「だんだん青森に近づいているぞ」ってワクワクするんじゃないかな。

結果的には目的地の青森に到着することを確信しているから、途中の宮城や岩手も楽しい。宮城や岩手を通過するから、青森に到着するんだって思えるよね。

信じるって、そういうことなんです。

相手をちゃんと信頼していれば、いっときは失敗したかのような現象が起きても、結果は必ず成功するの。

嘘みたいだけど、俺のお弟子さんたちはそれで全員が成功したんです。だから間違いないよ。

よく、一人さんのところへ来ると奇跡が起きるって言われるんです。だけどそれって本当は奇跡じゃなくて、その人の中にいる神が起こしたことなんだ。

信じないのは、相手の人生を邪魔するようなもの

ユミ　一人さんのお話を伺っていると、人を信じないって、相手の人生を邪魔するようなものですね。

一人　まさに、その通りなの。相手に悪い波動を送って、邪魔するのと同じだよね。

親子関係でも、親は子どものことを心配するのが当たり前だと思っている人は多いかもしれないけれど、本当にそうだろうか？

心配だからって親が子どもに過干渉すると、子どもはつぶれちゃうの。あれもダメ、これもダメって言われている間に、どれだけ子どもを否定しているかわからないよ。

子どもの行動をいちいちチェックするよりも、安心の波動を送ってあげたほう

が、よっぽど子どもは健全に育つものです。
親は、「あの子には、あの子の神がついている」って思えばいいんだよね。
もっと言えば、親御さん自身が趣味に打ち込んだり、彼女（彼氏）をつくったりして（笑）、自分の人生をめいっぱい楽しむの。
自分が楽しければ、子どもには楽しい波動を送ってあげられるよね。

ユミ　なるほど。自分が楽しんでいれば、「子どもにも自由に好きなことを楽しんでほしい」って思えるようになるから、自然と子どもを信じられるようになりそうですね。

一人　そうだね。

ユミ　ちなみに……これはちょっと極端かもしれませんが、たとえば、子どもがグレちゃって大変なんですっていうご家庭の場合は、どうしたらいいでしょうか？

一人

人には、「今の自分にちょうどいい」ものが引き寄せられるようになっているの。

今の自分にちょうどいい友達。

今の自分にちょうどいい学校。

今の自分にちょうどいい仕事。

花にはチョウが集まり、ウンコにはハエが集まるんだよね（笑）。

そう考えると、今、その人のお子さんが不良とつき合っているのは、その子にとってちょうどいい仲間だからかもしれない。

きっと、その子のことを認めてくれるのは、その仲間だけだったりするんじゃないかな。親がその子のことを信じていなかったから、グレるという現象が起きたんだと思います。

親にしてみれば、これまで可愛がって心配して、世話を焼いてきたのにグレたと思っているかもしれないけれど、それは信頼とは違うよね。本当に子どもを信頼していたら、「好きなようにしたらいいよ」って、子どもを自由にさせてあげられたはずだから。

今からでも遅くないの。そういうことに気づいて子どもを信じてごらん。きっと現実も変わってくるからね。

信頼は、まず自分から

ユミ　信頼してあげようと思っていても、相手が自分の期待を裏切ったりしたときなどは、反射的に「もう、何だよこの人！」と腹が立ってしまうこともあると思います。どうすれば、もっと大きな心で相手を信じられるようになりますか？

一人　それは、自分を信じていないからだろうね。自分の中にいる神のことも信じられないのに、人の神を信じられるはずがないよ。
自分のことが信じられるようになれば、「みんなの中にも、自分と同じように神が宿っているんだ」と思えるようになる。だから、相手がどんなに失敗しようと、腹が立たなくなるんです。

自分や相手を信頼していると、表面的には失敗に見えるようなことが起きても、必ず「この失敗を経て、これからいいほうへ向かうから大丈夫」って思えるの。

神は絶対に失敗しないという大前提で相手を見てあげられるから、失敗を失敗と捉えなくなるんだ。わかるかい？

それなのに、普通の人は「あなたのこと、疑ってるよ」という波動を相手に送っちゃうからうまくいかないの。そういう波動をキャッチすると、神はその波動に見合うような現実を起こすことで、「その考えは間違いだよ」って教えてくれるんだよね。


一人さんのお弟子さんたちって、俺と出会う前に成功していた人は１人もいないんです。借金を抱えていたり、大赤字のお店を経営していたり……。

だけど俺は信じていたよ、この人たちも絶対に成功するって。１％の疑いも持ったことがありません。で、その通り、全員が大成功しちゃったんだよね。

なぜそんなに信じられるんですかっていうと、みんなの中に、同じように神がいることを知っているからだよ。

「ワンネス」という言葉があるんです。すべてのものは1つという意味なんだけど。要は、この世のものはすべて1つの神から生まれたものであって、みんな神と同じなんだよって。

俺たち人間も、神から分け御霊をいただいて生まれてきた神の子。みんな、信じるに値する存在なんです。

でね、神というのは永遠なる進歩なんです。進歩に終わりはなくて、常に進歩している途上にあるんだ。

自分に起こるどんな出来事も間違いではないし、誰もが成功に続く道を歩いているんだよ。

人を傷つけるのは、
神を傷つけるのと同じこと

ユミ　信じないということは、ものすごく神様に失礼なことなんですね。

一人　失礼どころの話じゃないんだ。信じないって、神をいじめて、傷つけているようなものなんです。

人が傷つくようなことをしたり言ったりすることも、結局は相手を信じていないということだから、これも神をいじめているのと同じなの。

人に対してだけじゃないよ。自己反省しすぎる人とか、自分を褒めてあげられない人とか、落ち込んでばかりいる人なんかも、自分の中にいる神をいじめているんだよね。

そういう人は、運勢が悪くなるの。あるいは、死んでから地獄へ行くようになっているんです。

それくらい、神をいじめるって罪深いものなんだ。絶対に、神をいじめちゃいけないんです。わかるかい？

神をいじめると、絶対に幸せになれないからね。

ユミ　私をこの世に生み出してくれた存在をいじめることになると思うと、自分のことも人のことも信頼しなきゃいけないなって思いますよね。
ちなみに、「今、神様をいじめているんだな」って自分でわかるサインのようなものはありませんか？

一人　即座にわかる方法があるんです。それはね、嫌な感情だよ。

気分が悪い。

晴れ晴れとしない。

そういうときは、「神をいじめていませんか」っていうお知らせなの。

怒りや悲しみ、苦しみ、モヤモヤした嫌な感情が出てきたときは、改めて神を信じるつもりで気持ちを切り替えてごらん。

でね、神を信じられるようになると気分も良くなる。要は、自分の感情こそが「神のご機嫌」なんだよ。

神を信じられたら、苦しみも落ち込みもなくなるよ

ユミ　神を信じていると、気分がよくなる。ということは、神を信じている人は、苦し

んだり悩んだりすることがなくなるということですか？

一人　それはそうだよね、信じていないときとはぜんぜん違います。だって「自分の中には、絶対に失敗することのできない神がいる」と信じているわけだから、そういう人には成功しか訪れません。

当たり前だけど、成功で埋めつくされている人間が、落ち込んだりするわけがないよね（笑）。

あなたを落ち込ませるのは「我」であって、「神我」ではないの。

そのことがわかると、何か問題が起きても「これは絶対解決できるんだ」と思えるし、実際にそうなるんです。わかるかい？

失敗する人は、「我」を中心にして生きているからだよ。

神を中心に生きていれば、絶対に失敗なんてしない。たとえ失敗のように見える出来事が起きたとしても、それは成功への過程であって、必ず成功につながるんです。

それとね、目の前で誰かが苦しんでいると、「しんどいだろうな、つらいだろうな」って、あなたも胸がキューっと痛くなるかもしれません。でもそれは一見、相手のことを気遣っているようで、実は相手を信じていないの。

もし相手を信じていれば、「大丈夫、必ず解決するよ」と言ってあげられるんだよね。

あなたの胸が苦しいのは、相手を信じていないから。それは間違った考えだよっていうお知らせなんです。

そもそも、あなたが一緒に苦しんだら相手の苦しみは消えるんですかって。そんなわけないから、あなたが苦しんだってしょうがないの。

苦しんでいる人がいたら、「大丈夫、大丈夫」って明るい波動を送ってあげるの。それが信じるということであり、正しい道。だから、あなた自身にも、苦しみは生まれません。

明るい波動のもとには、明るい現象しか起きないよ。

神を信じていれば、ものすごくラクに生きられるようになるし、ものすごいスピードで成功できるからね。

1人でも信じてくれる人がいたら絶対変わる

ユミ 周りで見ている親や先生、上司のうち、たった1人でも信じてくれる人がいると、その人の人生はまったく違ったものになるでしょうか？

一人 そうだね。友達でも誰でもいいの。自分を信じてくれる人が1人でもいれば、ものすごく人生は豊かになるんだ。

ユミ 「信じているよ」っていう言葉がなくても、ただ信じてあげさえすれば、その波動は相手に伝わりますか？

一人 絶対に伝わります。大事なのは、信じているよっていう目で見てあげることなんだ。

親だって、「この子の中に神がいる」と信じてあげることが本当の愛だし、それは黙っていても子どもに伝わります。でも、なかなかそういう目で子どものことを見ている親はいないよね。

ユミ だから、怒ったり心配したり、必要のない感情に振り回されちゃうんですね。親が子どもを心底信じていたら、親も子どもも、必ず幸せになれるのに……。

一人 神は人間みんなに、「個性」というものをつけてくれました。

どういうことかというと、人間には個性があるから、1人として同じ人生を歩めないんです。人それぞれ、起きた出来事に違う反応を起こすから、よその子を見て「うちの子もああなってほしい」と思っても無理なんだ。

だけど、どんな反応をした人も、本当はみんな成功できるはずなの。ひとたび神を信じられるようになると、その瞬間から、誰もが成功への道を歩き出せるよ。

ユミ　それでも人を信じられない人はどうしたらいいでしょうか？

一人　そういう人は、無理に信じなくてもいいの（笑）。

別に突き放しているわけじゃなくて、一人さんは俺流のやり方を紹介しているだけだから。無理をしてまで押しつけようって、そんな話じゃないんだ（笑）。

信じるか信じないかは、その人の自由。いいと思ってくれた人だけやってみたらいいんです。

第2章

信じるだけで、自分に都合のいい現実がもたらされる

できない人は、今それを学んでいる最中です

ユミ　以前、Aさんという男性から、こんな相談を受けました。「信頼して仕事をお願いした人に、ずさんな仕事をされました。相手を信じて任せたのに、なぜこのような事態になってしまったのでしょう？」こういう場合は、どう答えてあげたらいいのでしょうか？

一人　その人は今、仕事を適当にするとどうなるか、学んでいる最中なんです。で、Aさんがその人の仕事をずさんだと感じるのは、Aさんにはその仕事がちゃんとできるということだよね。だったら、自分が手助けしてあげたらいいの。たとえば、ユミちゃんができないことは、俺が片っ端から手伝う。じゃあ、ユミちゃんは何をするんですかって、どうすればできるようになるかを学んでいるん

だよ。

で、そのうちにユミちゃんもできるようになれば、今度はユミちゃんが人を助けてあげられるよね。それでいいんです。

ユミ 相手ができないからって、感情的になってはダメなんですね。

一人 そうだね。なぜなら、怒られた人は、次に部下ができたときに必ず怒りだすの。それから怒ったあなたにも、また怒らなきゃいけないような出来事がやってくる。相手にとっても、自分にとっても好ましくない結果になるんです。

それとね、一人さん流に言うと、信頼が足りないということも一因だと思います。そもそも相手に対する信頼が足りていれば、そこまでいい加減な仕事をされることはないんだよね。

信じていたのにずさんな仕事をされたって、本当にそうだろうか？

Aさんは最初から、本当にその人のことを信じていたかどうか、よく考えてみるといいよ。たぶん心のどこかで、「ちゃんとやってくれるかな？」と疑ったり、

「しっかり仕事してくれよ」なんてハッパをかけたりする気持ちがあったんじゃないかな。
心から信じていたら、自分が困るような問題は絶対に起きないものだからね。

学んでいる最中の人に、とやかく言っちゃいけないよ

ユミ　Aさんは、その人に落胆しつつも、きちんと仕事をして、期待に応えられる人になってほしいと願っているそうなんです。

一人　それが余計なことなの（笑）。その人は、その人の修行として学んでいるんだよね。だから、愛をもって見守ってあげなきゃいけない。

「この人はどうしてダメなんだろう」とか、「もっとこうすればいいのに」って、できない人のことをゴチャゴチャ言っちゃいけないんです。
なぜあの人は貧乏なんだろうって、貧しい人は豊かになる方法を学んでいるの。なぜあの人は病気なんだろうって、病気の人は健康について学んでいるんだよ。うまくいかない人は、そのことがうまくいくように学んでいる最中なんです。どんな人にも神がついているから、ちゃんと学べる。大丈夫なんだ。

ユミ　なるほど。では、人の悪口を言ったり、嫌なことをしたりするような人も、その人の中にいる神の導きで学んでいるところだと考えたらいいでしょうか？

一人　それが正しい考え方だよ。「この人は今、学んでいる最中なんだ」と思ってあげると、いずれちゃんと悪いところが直るの。しかも、その学びを生かして、苦しんでいる人や困っている人を助けられるようになったりするんです。

ユミ　信じて、あとは神様にお任せすればいいんですね。

一人　そうだね。信じているよっていう、温かい波動を送ってあげることが大切なの。

それで現実はまったく変わってきちゃうから。

第一、信じることで自分の気持ちが違ってきます。

「まったくアイツは……」と思うよりも、「今、学んでいる最中なんだな。俺の若いときよりはマシか（笑）」なんて思ったほうが、あなた自身の気分だって段違いに良くなるはずだからね。

で、そういうことを十分に理解したうえで、それでも「今世はちょっとご一緒したくない。この人のことだけは、どうしても信じられない」と思った場合は、無理をする必要はありません。会いたくない人に会わないのは、ぜんぜんかまわないんです。

ただ、相手のことをバカ野郎とか思うくらいなら、「今、学ぼうとしているんだな」と思ってあげたほうが、自分のためにもいいよっていう話だからね。

自分の中に蒔いた種は、必ず自分で刈り取らなきゃいけない

一人一人ってね、自分の中にどんな種《たね》を蒔《ま》くかは自由なんです。でも、蒔いた種は必ず

自分で刈り取らなきゃいけません。
たとえば腹の立つ人がいるとして、あなたはその人に対して「バカ野郎！」って思ったとします。その瞬間、あなたの中には「バカ野郎の種」が蒔かれるの。で、種を蒔いた以上、あなたには必ず「バカ野郎」という言葉にふさわしい出来事が起きちゃうから、自分でそれを刈り取らなきゃいけない。怖いね（笑）。
だけど反対に、「あの人は学んでいるんだ」って優しい気持ちでいたら、あなたの畑には優しい種が蒔かれて、素敵な出来事に恵まれます。

ユミ 要は、自分の言動はそのまま、自分に返ってくるよってことなんですね。

一人 その通り。でね、自然界の植物だと、芽が出る種と出ない種がある。だけど心の中に蒔いた種は、もれなく芽が出るの。しかも、芽が出ると、どんどん大きくなるんです。
たとえば、花の種ってものすごく小さいけれど、大きくなると、数えきれないほどの花びらをつけます。木だって、種はうんと小さいのに、何年か経つと太い幹にびっしり葉を茂らせるんだよね。

それと同じで、自分の中にどんな種を蒔こうが、その種は蒔いたときの何倍も大きな出来事になって返ってくるんです。

もちろん、いい種を蒔いたときには嬉しいよね。だけど悪い種を蒔いちゃうと、刈り取るのがものすごく大変なんだ。わかるかい？

どんな種を
蒔くのかは
あなたの自由

あなたは、「バカ野郎は、相手に対して言った言葉です」って思うかもしれないけれど、誰に向けたものかは関係ないの。結局、あなたが神をいじめたことには変わりないからね。

どんな種であろうと、相手の畑に種を蒔くことはできません。

楽しくて優しい種を蒔くのか。

怒りや悲しみの種を蒔くのか。

それはあなたの自由だよ。でもね、ぜんぶ自分に返ってくることは忘れないで。

もしあなたの近くに意地悪な人がいたとしても、応戦したりしないでニコニコしていればいいんです。

私は絶対に人の悪口を言わないぞって、あなただけはいい種を蒔くの。

相手が唐辛子の種を蒔き散らしていても、あなたが花の種を蒔いていれば、あなたの畑には間違いなくきれいな花が咲くんです。唐辛子が実ることはないから、安心していい種を蒔くんだよ。

豊かなことを思っていると、たちまち豊かになる

ユミ　一人さんは昔、恵美子社長（弟子の柴村恵美子さん。まるかん正規販売代理店の社長）に「俺は下り坂が1回もない人間だから、俺についておいで」とおっしゃったと聞きました。まるかんを創業される前のことだったそうですが。

一人　そんなこと言ったかな？　言った当人はぜんぜん覚えていないの（笑）。

でもね、嘘じゃないことは確かだよ。言ったことは覚えていないけれど、下り坂がないのは本当なんです。

まるかんを創業する前の話だから、そのとき俺は金も何も持っていなかったの。だけど、恵美子さんに言った通り、それからずっと上りっぱなしで、1回も下ったことはないからね。

ユミ　これまでの人生、下り坂は一度もなかったんですか？

一人　ないよ（笑）。なぜですかって、神は絶対に失敗ができないからね。で、みんなの中にも同じように神が入っているんです。そのことに、みんな気づいていないだけなんだよ。気づけば、絶対に下り坂なんてなくなります。

あのね、人の人生はすべて「思い」なの。

豊かなことを考えているとたちまち豊かになっちゃうし、貧しい考えでいると本当に貧しくなるんです。さっきも言ったように、自分の畑に何を蒔くかだよ。

もし「俺の中には神なんていない」って言う人がいたら、その人がどうなるかよく見てみるといいよ。きっと言葉通り、見事に不幸になると思います。

だけど、自分の中にいる神、人の中にいる神を信じて、いつもみんなの幸せを願っている一人さんが不幸になることは絶対にありえないんだ。

嘘だと思ったら、これから先も一人さんのことを観察し続けてごらん（笑）。不幸になるどころか、ますます幸せになっていくはずだよ。

無意識のうちに、へんてこりんな種を植えていないかい？

ユミ　インターネットでYouTube《ユーチューブ》（動画共有サービス）を観ると、一人さんのお話がたくさん投稿されています。ところが、中にはまるかんとは関係のない人が勝手に一人さんのお話をアップして、それで広告収入を得ているケースもあるそうです。

一人　そうらしいね。それを見たはなゑちゃん（弟子の舛岡はなゑさん。まるかん正規販売代理店の社長）がね、こう言ったの。

「一人さんと関係ない人が勝手にお金を稼いでいて、何だかムッとしちゃう」

俺の代わりに怒ってくれるはなゑちゃんの気持ちはすごく嬉しいよ。だけどね、そんなのどうだっていいじゃない（笑）。

「それではなゑちゃんが何か困るのかい？」って（笑）。

あのね、その人にお金を盗られたわけじゃないし、自分が何か被害を受けたわけでもないのに、「あの人ムカつく！」なんて思うことは、自分の畑に貧しい種を蒔いているのと同じなの。

ただでさえムカつく相手なのに、その人のせいで自分の畑に貧しい種を植えたんじゃ、こんな割に合わないことはないよ（笑）。

一人さんなんか、むしろその人に感謝したいくらいだよ。だって、その人がYouTubeにあげてくれたことで、それを聞いた人が助かるかもしれないよね。

そんな嬉しいことはないよ。そう思うと、感謝だよ。

ユミ　物事は、何でも考えようですね！

一人　そうだね。この本だってユミちゃんの名前で出す本なのに、俺はこうして一生懸命お手伝いしているんです。「この話は俺の本を出すときのために取っておこう」とか、そんなこと考えもしないの。

誰の本であろうと、この本を読んだ人が少しでも救われたら、それで俺は幸せなんです。

それに、「俺のために取っておこう」みたいなケチ臭いことを思っていると、ケチ臭い種を自分の畑に蒔くことになって、それが実ったときに自分で刈り取らなきゃいけなくなるからね（笑）。

みんな知らず知らず、へんてこりんな種を自分の畑に蒔いちゃうんだけど、それを刈り取るのはものすごく苦労するんです。はじめから種を蒔かないように気をつけようね。

部下のあなたから上司を信じてごらん

ユミ　世の中の経営者とか上司が、みんな一人さんみたいな考えを持った人だったら、

ブラック企業なんかも生まれるはずがないし、働くことがすごく楽しい社会になって最高だと思います。

でも残念ながら、今の世の中では、いい上司や会社に恵まれず、苦労している人がたくさんいます。

「お金をもらっている以上、それに見合った仕事をしろ」

「100%いいものを仕上げてこい」

という上司の言い分は正しいのかもしれませんが、そう言われ続けるのってつらいですよね……。

一人

そういうときは、上司に対する考え方を変えたらいいよ。

「上司の中にも、絶対に失敗することのできない全能の神がいる。本当は、素晴らしい上司なんだ」

そう思い込んでごらん。まず、部下であるあなたのほうが、そう信じてあげるの。

するとね、どんな上司でも必ず変わってきます。

波動は共鳴するものだから、誰か1人の波動が変われば、その周りにいる人は影響を受けるんです。

水は高いところから低いほうへ流れます。それと同じで、いい波動も低いほうへ流れるの。

実際には上司と部下という立場であっても、魂的には、部下であるあなたのほうが上にいると思えばいいよ。あなたのほうが魂のレベルが上で、精神的な世界を知っているんだって。これができれば、必ず状況は変わります。

あなたの
いい波動は、
周りの人に
影響を与える

ユミ　その効果が出るまでの間は、どうやって乗り切ったらいいでしょうか？

一人　乗り切るまでもなく、効果はすぐに出るんです。自分のところにいい種を蒔けば、それだけであなたの気分が良くなるよね。気分が変われば、苦しみだって小さくなります。

相手を信じたその瞬間から、だいぶラクになるはずだよ。

でね、そもそも、なぜ上司が嫌なことばかり言ってくるのか。

きっと、あなたの中に「お小言ばかりでムカつく」「また怒られたらどうしよう」っていう、怒りや不安を抱えていたんだろうね。要は、そういう種を自分の畑に蒔いていたんです。

だから、見事に嫌な上司が現れるという現実が引き寄せられたの。わかるかい？

だったら、今すぐにそういう考えをやめて、上司を信じてごらん。

こんなムカつく上司をどうやって信じたらいいんですかって？

上司の我は信じなくていいから（笑）、上司の中にいる神を信じるの。

「部長も今、学んでいるんだな」って。
それで絶対、うまくいくからね。大丈夫だよ。

1億円出してもほしいと思われる人間になるんだ

ユミ　まるかんを創業される前には、一人さんにも「上司」がいた経験はありますか？

一人　もちろん、あるよ（笑）。

ユミ　そのとき、嫌な上司はいなかったのですか？

一人　それがね、1人もいなかったの（笑）。どんな会社で働こうが、どんな上司に出会おうが、嫌な人はまったく出てこなかった。

というより、みんなにとっては嫌な人でも、なぜか俺には優しかった。

どんなに怖い女性だって、惚れた男には優しいでしょ（笑）。それと同じで、一人さんにはすごくいい上司になっちゃうんです。

ユミ　本当ですか⁉　なぜ、そんな現象が起きるのでしょう？

一人　それもやっぱり、「信じる」ということだよ。

たとえば、あなたに「コイツは嫌なやつだな」と思っている人がいるとします。

だけど一人さんの場合は、あなたが嫌なやつだと思っている人に対しても、「この人の中には神がいる。失敗のできない神がいる」って思うの。

それでどうなるかって言うと、あなたと一人さんとでは、波動が違ってきちゃうんだよね。

ダイヤモンドと石炭は、どちらも炭素からできています。だけど、輝きはぜんぜん違うよね。出ているオーラが違うんです。

何が言いたいんですかっていうと、同じ人間でも、どんな波動を出しているかで、輝きやオーラは変わるよっていう話なんです。

まばゆいほどの輝きを放っている人には、1億円出してでもスカウトしたくなるのが人間なんだよね。1億円出しますから、ぜひうちの会社に来てくれませんか、とかね。

反対に、いつもどよ〜んと暗い波動を出しているようじゃ、タダでもいらないと言われちゃうかもしれない（笑）。

1億円出しても惜しくないと思われる人間になるか、タダでもいらないと言われる人間になるか。それは、あなたのオーラにかかっているよ。

動物と違って、人間は感情で生きています。そして、自分の感情をコントロールする力を備えている。

つまり、人間だけは自分の「思い」を変えることができるの。今、この瞬間からパッと波動を変えられるんです。
だったら変えなきゃ損だよねっていうのが、一人さんの考えだよ。

あなたの思いが「道」をつくるよ

一人　ところで、ユミちゃんがみっちゃん先生隊の仲間になったのは、どうしてだと思う？

ユミ　う〜ん、理由ですか……何だろう？

一人　それは、ここに「道」ができたからだよ。
みっちゃんが求めている人にぴったりのユミちゃん。ユミちゃんが求めている人にぴったりのみっちゃん。

一人さんはよく「道ができる」と言うんだけど、お互いが求め合っているときは、ちゃんと道ができるようになっているんだ。

ユミ 私は、その道を歩んできたんですね！
自分で道をつくろうと意図したわけでもないのに、心がそれを求めただけでこんなに素敵な道ができていたなんて。自分でもびっくりします。

一人 こうしたい、こうするんだっていう思いがあれば、あとはすべて神のよきはからいになるから、俺たちは何もしなくていいの。本来、道をつくるって、すごく簡単なことなんだよ。

心の中で豊かなことを考えている人には、豊かな道ができる。で、豊かな道には豊かな人が集まってきて、その素晴らしい出会いでますます豊かになる。その繰り返しなんです。

一人さんがまるかんをはじめたのも、道なんだよ。今、こうしてユミちゃんと本をつくっているのも道。成功の道っていう、豊かな道を歩いているんです。

そしてこの道が、また次の道につながるんだ。

豊かな種を蒔き続けている人は、どこまでも豊かになります。逆に、貧しいことばかり言っている人は、ますます貧しくなる。普通のことをしていれば、ずっと普通のまま。そういうことだよ。

どんな種を蒔くかで道は変わっていく

第3章

信じるって、ものすごく軽〜いもの

信じることを重く考えちゃいけないよ

ユミ　自分では相手のことを信頼しているつもりでも、ときどき「自分は、この人のことを100%信じているだろうか」って自信がなくなることがあると思います。そういう人は、どんなふうに考え方を変えたらいいですか？

一人　あのね、100%だろうかって、そんなに重く考える必要はないよ。信じるって、もっと軽いものなの。デートのときに、女性の手を軽く握るような感じで、軽くサラッと信じたらいいんです（笑）。

力を入れるということ自体、神を信じていないのと同じなの。

一人さんってね、うちの社員を信じているから、困ったことは一度も起きたことがないんです。じゃあ、ふだんから「俺は社員を信じてるぞ！」なんてリキんでいるかというと、そんなわけない（笑）。

俺のところに来てくれるんだから、いい人に決まってる。自然にそう思い込んでいるだけだよ。いい人が来てくれるのは当たり前のことで、力を入れるほどのことじゃないんだよね。

軽くサラッと信じてみよう

普通は、人を使うと大変な問題がいくらでも起きるって言うんです。でも、それ

って本当だろうか？

実際のところ、うちは社員が5人いるけれど、誰も問題を起こしたことがないどころか、全員がものすごく優秀なんです。離職率もすごく低くて、同じ人がずっと務め続けてくれているおかげで、会社はすごく安定しているしね。

一人さんって、ぜんぜん会社に行かない社長なんです。それこそ、1年に2〜3回、顔を出すかどうか（笑）。

そんな会社なのに、うちは優秀な社員が支えてくれているから、ずっと成長し続けている。俺は、大船に乗ったつもりで会社を留守にできるんです（笑）。

ユミ　一人さんは、社員に仕事のやり方を教えたりしないのですか？

一人　今の社員が新人の頃でも、手とり足とり教えた覚えはないよ。なぜかって言うと、俺はそういうことができないから（笑）。

できない人のところには、教えなきゃいけないような人は来ないの。

そんなに都合よくいくんですかって、都合よくいくのが人生なんだよね。

都合よくいかないのは、都合よくいかないと思い込んでいる何かがあるんです。世間から「そんなにうまくいくはずがない」と言われたとしても、世間と自分は違うんだよ。

部下のお尻を叩くのは、上司の責任転嫁

一人

人って賢いんです。だから長くつき合っていると、「この人はいつも自分に重しをのせてくる」「この人は自分を信じてくれている」っていうのがわかってくるんだよね。

よく、「あなたのために頑張れって言うんだよ」って言う人がいるんだけど、それって実は、相手のためじゃなくて自分のためだよ。あなたのためと言いなが

ら、本心は自分のためじゃないかって。

そのことを、人はちゃんと見抜く。動物的なカンがあるんだよね。

ユミ　確かに、「この人は〝おためごかし※〟だなぁ」って感じること、たまにあります(笑)。

※相手のためと見せかけて、実は自分の利益をはかること。

一人　だから俺は会社でも、社員に「売り上げを増やせ」なんて絶対に言いません。

なぜって、新商品を出して売り上げをアップさせるのは、社長である俺の仕事だからです。俺の仕事は、売り上げを増やすことなの。

そういう意味では、社員のお尻を叩くのは、社長の責任転嫁だよ。部下のお尻を叩くのは、上司が自分の仕事を放棄しているということなんです。

一人さんは、絶対にそんなことしないんだ。そう思って生きているの。

そもそも、社員のお尻を叩いて働かせて、それで売り上げが増えるかというと、そんなことじゃ増えないよ。

みっちゃん先生隊で言えば、特約店の人たちは、ユミちゃんのことが好きだから顔晴《がんば》ってくれるんです。ユミちゃんは、みっちゃん先生が好きだから顔晴《がんば》るの。

みんな1つの流れだし、すごく簡単な話なんだ。で、それが一番うまくいく方法なんだよ。

神が味方した人は、6割の力でうまくいく

ユミ　私たちがちょっとでも疲れた表情をしていると、一人さんはすかさず声をかけてくださいます。
「会社のために顔晴《がんば》ってくれるのは嬉しいけど、そんなに力を入れなくていいん

だよ。6割の力で働いてくれたら十分だからね」

そう言われると、本当に心が軽くなります。

一人

自分の中の神を信じる。相手の中の神を信じる。

それがサラッと軽くできるようになると、神が喜んで、あなたに味方してくれるんです。そうするとね、人は6割の力で十分なんだ。

世間では、8割の力で頑張っている人に「もっと力を出せ。10割の力を出せ」って言うの。そんなことをしたら壊れちゃうよ。

あのね、8割の力で奮闘している人には、「6割でいいよ」って言ってあげなきゃいけないんです。もっと力を抜くといいよって。

だいたい、人は6割も力を出せば、相当いい仕事ができるものだよ。自分の中に、全能の神がいるんだから。

ユミ　一人さんは、その人ができていることを見つけて、うんと褒めてくれます。そうすると、褒められたほうは嬉しくなって、自然に向上したくなるんですよね。

一人　だって、成功は当たり前だからね。信じてあげたら、誰だってうまくいくに決まっているんです。

だから重く考えたり、リキんだりする必要はないよ。どうでもいい、どっちでもいい。どうせうまくいくからね。

力を出しすぎると、脳は錯乱しちゃうよ

ユミ　なぜ、人は10割の力を出してはいけないのでしょうか？

一人　頭脳労働というのは力仕事とは違うから、あんまり力を出しちゃうと、脳が錯乱してしまうんです。そのボーダーラインが「6割」なんだ。
会社で仕事をするのって、ボクシングとか格闘技みたいな体を使う仕事じゃないんだから、ハングリー精神でやるもんじゃないの。

休みだって、週に2日くらいはちゃんと取らなきゃいけないよ。脳はしっかり休ませてこそ、いい働きにつながるからね。

ユミ 週休1日の会社が週休2日にすると、売り上げが落ちるんじゃないかって、普通の人はそこを心配すると思いますが……。

一人 昔は週休1日が当たり前だったけれど、時代が変わって、最近はほとんどの会社が土日の2日間がお休みになっているよね。

じゃあ、それで売り上げが落ちたかというと、逆に売り上げが増えちゃったという企業が、日本にはたくさんあるんです。

脳を休ませるって、それくらい大事なことなんだ。

頭脳労働者は、ひらめきで勝負しているの。そのひらめきはどこから出てくるかって、健全な脳から出てくるんです。だから、脳はしっかり休ませなきゃいけないんだよね。

昔、中国ではムチやなんかで労働者を叩いて万里の長城をつくったそうです。

だけど、万里の長城を築くというアイデアは、ムチで叩かれたから出たものじゃないよね。ムチで叩いてアイデアを出そうとしたって、ろくなアイデアが出てくるはずがないんだ。

自然界に盆栽みたいな木はありません

一人　これはいろんなものに通じるんだけど、神はこの世を、進歩するようにつくっているんです。木が年々大きくなるのは、生きているうちは成長し続けるようになっているからなの。わかるかい？

人間も同じだよ。

よく、進歩するのは大変なことだと思い込んでいる人がいるの。でもね、俺に言わせると、進歩しないことのほうが大変なんです。植木鉢みたいな狭苦しいところへ押し込んで、無理に成長させないようにすることのほうが、よっぽど努力がいるの。自分をおさえつけるわけだからね。

ユミ つまり、部下でも子どもでも、その人を信じて自由にさせておけば、ちゃんと成長するということでしょうか？

一人 そういうことだよ。なのに、「立派な子にしたい」「こうなってほしい」って干渉しすぎるからいけないんです。人間も木と同じで、本来はどんどん伸びるようになっているの。

伸びることは、決して大変なことじゃないんだ。むしろ、留まっているほうが大変なんです。

山の中に入ってみても、盆栽みたいにいじくられている木はないよね（笑）。みんな自然に伸びて、力強く生きている。

人間も自然に任せて伸びるのが楽しいし、それが一番幸せになれる方法なんだ。

人を信じて自由に
させておけば、
木が年々
大きくなるように、
人もちゃんと
成長する

あるところから
ないところへ流れる

一人　お金には、すでにたくさんあるところへ流れる性質があります。お金は仲間を呼ぶから、富める人はますます豊かになるんだよね。

だからって、貧しい人が豊かになれないわけじゃないよ。豊かになりたかったら、豊かな思いを持てばいいだけのことだから。

一方、波動とか知識や技術なんかは、あるところからないほうへ流れるようになっているんです。これは神の摂理なの。

中国を見てごらん。ほんの何年か前までは、日本と比べるとだいぶ後れている印象だったのに、今では日本とほとんど差がなかったり、日本を追い越している分野があったりするんです。

知識や技術というのは、必ず低きに流れるの。

波動も同じだよ。いい波動は、必ず波動の低いほうへ流れていく。だから、いい波動を出している人の周りからは、嫌な人がいなくなっちゃうんです。

ユミ たとえば、自分に知恵が足りないと思っている人でも、知恵を受け取るチャンスがたくさんあると思っていいのでしょうか?

一人 そうだよ。だから、自分にもっと知恵がほしいと思っているんだったら、知恵のある人とつき合っていればいいの。そういう人が今は身近にいないんだったら、知恵のある人の本を読んだり、講演会に行ってみたり、行動してごらん。うんと知恵を吸収できるよ。

でね、知恵のある人には、得てして波動の高い人が多いんです。ということは、知恵のある人にくっついていると、その影響を受けて自分の波動も高めることができるんだ。オトクだね（笑）。

『おしん』の成功は、苦労とは関係ない

ユミ　日本には、苦労や我慢を美徳とする価値観が根づいていますよね。それは、ドラマ『おしん』（1983年4月から1年にわたって放送された、NHK連続テレビ小説）

などを観てきて、我慢強くてナンボ、忍耐強い人しか成功できないと思っているからでしょうか？

一人 それはあるかもわかんないね。だけど、おしんが苦労したのは戦争当時だったからだよ。苦労したから成功できたわけじゃなくて、苦労と成功は関係ないの。商売（スーパーの経営）が成功したのは、うまく時流に乗ったからであって、商人としてはトントン拍子の成功だったんです。

もし、商売をしている人で「昔は経営で苦労した」って言う人がいたら、そのとき何かが間違っていたということなの。で、苦労したあとに成功したのは、その間違いを正したからです。

その人が最初から正しい道を進んでいたら、苦労なしにパッと成功しちゃったはずなの。

苦労しなくても、成功することは可能なんだよね。というより、本来はそっちのほうが正しい道なんです。

ユミ　中には、苦労話を自慢のように話す人もいますよね。ですが、人の苦労話を聞いているときって、どこか違和感があるというか、「この人の話、あんまり聞きたくないなぁ」っていう気持ちになってしまいます。

一人　それは、苦労話を通じて「もっと頑張れ！」と押しつけられているのを感じ取っているんだね。心が拒否しているの（笑）。

あのね、世間の人は、お尻を叩かれるのがつらいから苦しんでいるんです。苦しんでいるのに、そこに追い打ちをかけるようにもう10キロのせたってつぶれるだけだよ。

それよりも、どれだけ信じてあげるか。背負わされてきたものを下ろしてあげて、「大丈夫、あなたの中には、失敗のできない神がいるからね」って信頼することだよ。

でね、もし苦労話を自慢げに話し続ける人がいたら、無理に聞く必要はないよ。そういうときは、嘘も方便。適当な用事をつくって逃げちゃいな（笑）。

第4章

失敗が成功に変わるカラクリって？

心の中では常に「成功」と「失敗」が戦っている

ユミ　自分の中にいる神は、絶対に失敗することができない。そのことをわかっていても、何か問題に直面すると「我」が前面に出てきてしまい、なかなか大丈夫だと思えなくなることってあると思います。そういう場合、私たちはどう対処したらいいいですか？

一人　心の中では、いつも成功と失敗が戦っているんです。で、どうしたら成功のことだけを考えていられるかというと、これは繰り返し自分で気づくしかない。失敗の考えが大きくなっている自分に気づいたら、その都度、心の方向転換を図ればいいんです。そのうちに、だんだんできるようになるよ。

あのね、失敗する人にも、知恵は出ているんです。どういう知恵ですかって？　失敗するような知恵が出ているの（笑）。

常に失敗することばかり考えていると、失敗を招くような知恵がじゃんじゃん湧いてきちゃうんだ。

反対に、成功のことばかり考えている人には、成功を招く知恵が泉のごとく湧いて出る。だから、何をしてもうまくいくんです。わかるかい？

ユミ　もし失敗したとしても、そのたびに心の軌道修正をしていけば、失敗の知恵に埋もれることはないですか？

一人　ないよ、大丈夫。どんなに周りが失敗だと言ってきても、自分だけは「これは成功に続く道なんだ」と信じて改良し続けたらいいの。

世の中ってね、知恵は1つだけじゃないの。1つの目標に対して、いろんな知恵で挑むことができるから、失敗したっていくらでも改良できるんです。

たとえば車でも、いろんな車種があるよね？　それは各メーカーが、それぞれの

失敗は「こうやると苦しくなる」とわかるためにある

知恵で車をつくっているからなんだ。

しかも、一昨年のモデル、去年のモデルを踏み台にして、さらにいいものをつくる。旧モデルがあったからこそ、今年の最新モデルが出せるの。

10年前の車が失敗作かっていうと、違うよね。10年前はそれが最新型だったし、それがあったから今年の最新モデルだって出せるんだ。

だから、ちょっと失敗したくらいで反省する必要はないんです。そこにもう一段、知恵を加えるだけで成功するの。

でね、知恵を出さなきゃいけないとかって、そんなにリキんでやるようなことでもないんだ。サラッと、楽しく挑戦すればいいからね。

一人

人間は本来、失敗することができません。なのに失敗するのはなぜかというと、「こうやると苦しくなるよ」ということを知るためだよ。つまり、失敗は一つの進歩なんです。

間違ったことをすると、つらくなったり、悲しくなったりする。そういうときは、どこが間違っているんだろうって考えたらいいの。

苦しいときって、神が試練を与えているわけじゃないんだ。「それは間違っているからやめな」って教えてくれているんです。

失敗して苦しいとき…
それは間違っているから
やめな
教えてくれて
いるんです

ユミ　間違ってばかりいる人というのは、自分の間違いに気づかず、いつまでも軌道修正しないからなんですね。

一人　そういうこと。でね、間違ってばかりいる人は、今世、間違いを学びに来ているの。じゃあ、どうして世の中には、学びの早い人とそうでない人がいるのかっていうと、精神的なことに興味があるのはもちろんだけど、行動力が伴っている人は気づきも早いよね。

いくら弱い人でも、空手を何年かやれば数枚重ねた瓦でも割れるようになる。家にずっといて空手の本を読むだけじゃ、瓦１枚だって割れないよね（笑）。それと同じだよ。

今、あなたは縁あってこの本を手に取ってくれました。で、読んでみてピンとくるものがあって、「これは面白そうだからやってみようかな」って行動したら、人生はあっという間に変わっちゃうよ。

ユミ　ちなみに、こういう本を手に取るかどうかということ自体、その人が持っている定めみたいなものとしてあるのでしょうか？

一人　それもあると思います。本人に人徳があれば、人からいい本を紹介されたり、いい話を直接聞かせてもらえたり、きっとそういう縁にも恵まれるだろうね。
ただ、この世界はすでに魂の時代に入っています。だから、だんだんこういう精神世界の話をするのも当たり前になってきているし、より多くの人に、気づきのチャンスは訪れると思っています。

「スカッとする方法」が正しい道

ユミ　失敗したとき、自分の何が間違っていたのかわからなくて、その間違い探しでまた苦しくなることもあるのではないでしょうか？

一人 もし、間違い探しで苦しくなるんだとしたら、それは本気で間違いを探していないのかもしれないね。本気で探せば、必ず改良できるところが見つかるの。で、直して少しでも良くなれば、楽しくなってどんどん間違い探しをしたくなるものだからね。

間違いを直すって、正しくやっていれば楽しくなるものだよ。

間違いを探しながら苦しくなるのは、やっぱり探し方がおかしいんだろうね。と一人さんは思います。

ここを直したのに苦しい。こっちも変えたのに、まだ苦しい。

そういうときって、直すところが間違っているんです。直すポイントを間違っているの。

たとえば、うまくいっていない夫婦がいるとします。たいていの場合は、「こう考えたらどうかな？」「こういう考えはアリかな？」なんて、夫婦関係を修復するために、自分の考え方を変えようとするの。

相手に対する思考を変えるために、あれこれ模索するわけです。

あのね、いくら思考を直しても、うまくいかないものはいかないよ（笑）。

「おかしいな、考え方を直しても状況は少しもよくならない」

そう感じるときは、思考を変えてもダメってことなの。

じゃあどうするんですかって、そんなに嫌なら、いっそ離婚すればいいんです。

離婚した自分を想像してみて、それが一番スカッとするのなら、離婚するのが正解なんだよね。

正しい道は、考えただけでスカッとするから、すぐにわかるんです。

ユミ　なるほど。では、仕事関係の場合はどうでしょう。
どうしても「この人と仕事をしていると苦しい」という場合は、思い切ってその人とは仕事をしないという選択肢があってもいいのでしょうか？

一人　かまわないよ。そうすれば必ず、もっと素敵な人が出てくると思います。

だけどね、相手があなたの上司や同僚だったりして、自分の考えだけではどうにもならない場合もあるよね。そういうときは、次善の策を探せばいいの。

相手に言いたいことがあるんだったら、サラッと言ってみようとか。

案外、言いたいことを我慢するより、パッと伝えちゃったほうが効果的な場合もあるんだよ。

ユミ とはいえ、言いにくいことを面と向かって伝えるのは難しくないでしょうか？

一人 言いにくいことでも、明るく笑顔で言えばいいの。

「お前、これじゃしょうがねぇぞ～（笑）」

「お前と話してるとくたびれるから、もう話さないことにしたよ（笑）」

とかね。何か伝えるのに、怒りながら言う必要はないんです。

それから、言わないでわかってもらおうとする人もいるけれど、言ってもわからないのに、言わないでわかるわけがない（笑）。

これまで何回も言ってきたのに、まだ相手に伝わりませんっていう場合は、回数が足りないのかもしれない。10回言ってダメなら、100回言わないと（笑）。解決につながる知恵は、1つとは限らないんです。1つやってみてダメなら、次の一手を考える。それでもダメなら次の策……って、どんどんトライするの。やっているうちに、必ずピカピカってひらめく知恵が出てくるよ。それがあなたにぴったりの知恵だから、自分を信じて正しい道を探してみてくださいね。

たいがいの間違いは、怒るほどのものじゃないよ

一人　だけどほとんどの問題は、「この人の中にも神がいる」「今、学んでいる最中なんだ」と信じてあげるだけで何とかなります。そもそも、どんな間違いをしでかし

たって、大した間違いじゃないの。それでも会社は動いてるでしょ（笑）。

ユミ 確かに！　会社がストップしちゃうほどの失敗は滅多にないですよね。そう思うと、自分のミスも人のミスも、何だか気楽に考えられそうです（笑）。

一人 ね？　一人さんは会社で怒ったことがないと言うと珍しがられるけど、俺に言わせると、俺が怒るほど悪いことは誰もしないからなんだよね。みんな、ちゃんとやってくれているんだ。

部下がミスしたら、自分がちょっと直してあげたり、ちょっと手伝ってあげたりすれば済むことだよ。それを、「完全にお前だけでやれよ」って言うからいけないの。できない人には、上司が手伝ってあげればいいんです。

もっと力を出させるのではなく、足りない力は自分が手伝うの。だから上司だし、肩書きもあって、給料だって部下より多くもらっているんです。

もし、部下が自分の力だけで完璧に仕事しちゃったら、上司なんて必要なくなるよね。あんた邪魔ですって（笑）。

部下に「給料分は仕事をしろ」って言う上司ほど、実は自分の仕事をしていないものだよ（笑）。

注意は「いい話」なんです

ユミ　自分の力が足りないときはそっと手伝ってくれて、注意も笑顔で伝えてくれる上司……本当に素敵です！　そういう上司に恵まれたら、部下はいくらでもやる気を出すでしょうね。

一人　自分がそういう上司になることも簡単だし、部下のあなたが上司をそういう素敵な人に変えることもできる。

神と一緒にいる感覚を大事にするとね、自分も相手も楽しくなるような知恵がどんどん浮かんできて、奇跡みたいなことが普通に起こるよ。

ユミ　そういえば、一人さんはよく、「いい話があるから、おいで」ってお弟子さんを呼びますよね。

一人　ちょっと注意しなきゃいけないなって思ったら、そう言って呼ぶの（笑）。
要はお説教ですねって？　そうじゃないよ。相手は注意されたことで成功の道を進めるようになるわけだから、最高にいい話なんです。
俺はね、お説教ってしたことがないの。
「そういうのはやめな、間違ってるよ」って教えてあげるだけで十分だよ。怒ったりお尻を叩いたりする必要なんてないんだ。

ユミ　上司に呼び出されると、部下としてはどうしても身構えてしまいます。でも、上司の話はいつもいい話なんだとわかっていれば、受け取る側も素直に聞き入れることができますね。

一人　そういうこと。俺は、いいことを知っているから教えてあげるだけなの。自分も神だし、相手も神。だけど、神でも知らないことはあるから、知っているほうが、知らないほうに教えてあげたらいいんだよね。

そもそも相手が失敗したのは、「こうすると失敗する」「これは間違っている」ということを知らなかったからです。誰かが教えてくれたら、二度と同じ間違いはしないで済むよね。

そのことを笑顔で教えてあげたら、相手も「いいことを教わった」と思えるの。相手がお説教されたと感じないように、こちらも笑顔で伝える。そういうちょっとした工夫を添えてあげるのが愛だよ。

ユミ　イライラしながらお説教されると、いくら上司の話が正論でも腹が立って、反発しちゃうかもしれません（笑）。

一人　そうなんだ。せっかくの正論も、怒りながら伝えたら意味がないよね。自分も相手も成長できるような伝え方は何だろうって考えたら、絶対に部下を叱りつけたりできないはずだよ。

自分も相手も
成長できる伝え方

広い視野で見たら、相手の得意なことを見つけられる

一人　神の摂理って、ものすごくうまくできています。これからは、神の摂理を利用しながら生きていくほうがずっとラクなんだ。

仕事にも利用できるし、人生にも利用できる。利用するって言うと、何かうまいことやっているように聞こえるかもしれないけれど、それが一番正しい生き方なんです。

どうして一人さんは自分の成功だけでなく、周りにも成功者をいっぱい出せたのか。それは、神がいると信じているからです。

神を信じているから、お弟子さんのことも「この人ならできる」と信じてあげられるんだよね。

教えてもできない人はどうするんですかって？　その人にしかできない何かがあ

る。ほかの人は苦手だけど、その人にはできるっていうことが絶対にあるから、それを見つけてあげたらいいんだ。

ユミ　できることを見つけてあげる方法はあるのでしょうか？

一人　簡単だよ。広い視野で見てあげたらいいんです。たとえば部下に対して、「この人のいいところは何だろう？」って考えるとする。そうすると、「俺みたいな嫌な上司がいるのに、毎日ちゃんと会社に来る」「叱られても明るい顔で元気なところ」とか、いろいろ見つかるんだ（笑）。人それぞれ、必ず何かいいところがあるんです。

ユミ　それでも見つからないときは、どうしたらいいですか？

一人　そういう場合でも、必ず自分にとってプラスになる何かがあるものです。相手に腹を立てない修行だとか、その人のおかげで気が長くなったとかね（笑）。

そのムカつく人がいてくれたおかげで、この本に書かれている話が心に染《し》み入ったということもあるかもしれないよ（笑）。

人間には「経験型」「頭型」の2種類がある

一人　俺はね、ユミちゃんって「頭型《あたまがた》」だと思っているんです。

ユミ　「頭型」とは、どういうことですか？

一人　人間には「経験型」「頭型」の2種類あって、苦しんで苦しんでやっと何かをつかむのが経験型。反対に、ひらめきでパッと取り入れちゃうのが頭型なの。

ユミちゃんは、一人さんから何か話を聞くと、直感的に「これが正しい」と感じるタイプなんです。「何でも楽しいほうがいいよね。苦労しないでうまくいくなら、そのほうがいいよね」って、頭型の人はひらめいたらすぐに実行するの。

誰だって、いいものはパッと取り入れると思うかもしれないけどね、やってみるとなかなかできないものです。多くの人は世間を見て、世間に合わせるから。

そうすると、どうしても経験型になっちゃうから、頭型の人より幸せになるスピードは遅いよね。

ユミちゃんの場合は、頭型だからものすごく成功が早かったんです。

ユミ　そうなんですね、すごく嬉しい！

一人　俺のお弟子さんでもね、パッとうまくいく人と、なかなかうまくいかない人がいたんです。うまくいかないお弟子さんを見ていたら、俺が何か教えてあげても、途中で「やっぱり努力なしには成功できない」って思っちゃうんです。世間の常識から、なかなか抜け出せないの。

だけど、世間の常識を軸に生きている人がどれだけ成功して、幸せになっているだろうか。全員、うまくいっているかい？

あのね、世間の常識って数が多いから正しいように思われているけれど、そうじゃないよ。現実にうまくいってないことは、数が多かろうが少なかろうが、正しくないんです。

ユミ 私は今、本当に幸せなんですね。まさか自分の本を出せる日が来るなんて思いもよらず、なんて素敵なサプライズだろうって。しかも、ただ楽しく生きてきただけで、努力らしいことは何もしていないのに（笑）。

一人 こう言っちゃなんだけどね、ユミちゃんの場合、うまくいきすぎていてドラマにならないんだよね（笑）。

ドラマは盛り上げなきゃいけないから、山あり谷あり、大波やどん底が欠かせません。だけど本当の成功談というのは、実は波なんてないんです。

サラ〜っと、風に運ばれるように成功しちゃうの。俺はそのことを、この本で伝えたいんです。

一人さんも、スーッと成功しちゃったの。で、どうやったら一人さんみたくスーッといけるんですか、なぜお弟子さんまでスーッと成功させられたんですかっていうと、あなたの中にいる神を信じることだよ。

人生には、山も谷もいらないんです。エレベーターに乗ってスーッと上がるように成功できるんだ。そこには、笑いと感動と喜びしかないよ。

成功の道は、「ちょっとだけ難しいこと」からはじまる

ユミ　一人さんから教わったことで印象深いのは、「ちょっとだけ難しいことが楽しいんだよ」という教えです。

自分にできないことはたくさんありますが、あまりにも不可能なことにチャレンジするのは苦しい。かといって、すでに自分ができることを繰り返しやっても、簡単でつまらない。

でも、今の自分がちょっとだけ無理をしなければできないようなことにチャレンジすると、ものすごく楽しいんですよね。満足度がぜんぜん違う。

ほんの1ミリくらいの無理ですから、やってみれば、たいていのことはできてしまいます。そうすると、「私、よくやったなぁ。顔晴《がんば》ったよね！」って、自分をすごく褒めてあげられるんです。達成感も満足感も、すごく大きい。

この1ミリの顔晴《がんば》りって、普通に生きていたらなかなかわからないと思います。みんな、とうてい無理なことをいきなり成功させようとして、失敗しては落ち込んで……っていうのを繰り返してしまうんですよね。

本当は、1ミリの顔晴《がんば》りを何回か重ねるだけで、最初はとうてい無理だったことでも、いつの間にかクリアできるのに。

一人　そうだね。普通の人は無理の仕方が大きすぎるんだ。

物事ってね、ちょっと上を狙うと楽しいの。別に、上を目指さなきゃいけないとか、そんなことを思う必要はないよ。楽しいことをしたいから、あえてちょっとだけ難しいことをするだけ。
ハンドバッグでも時計でも、自分ではちょっと手の出ない値段のものを買うと嬉しいよね。仕事を頑晴《がんば》って、ボーナスで買うんだよ。そうすると、ランクを下げて余裕で買えるものを手に入れるより、喜びはうんと大きくなります。
恋人だって、ちょっといい女（男）だなって思う相手を射止めたときのほうが嬉しいでしょ？（笑） どうしようもない、ぜんぜんモテないような相手に言い寄られたってつまんないよ（笑）。何でも、ちょっと上が楽しいんだよね。

ユミ 本当ですね（笑）！

一人 でね、こうやって「楽しくなきゃダメだよ」っていうことを教えてあげても、そのあとは人によって、必ず二手に分かれるんです。
それでも楽しいだけじゃダメだと、また努力のほうに戻っていく人。

もっと楽しく、もっともっと楽しくって、どんどん楽しいほうに行く人。

成功する人というのは、ひたすら楽しさを求める人なの。

会話も楽しく、上を目指すのも楽しく、お説教も楽しく（笑）。

そうやって何でも楽しいほうへ持っていく人は自然と成功するし、際限なく幸せになっちゃうんです。

でも、たいていの人は、楽しむことが大事だと言いながら、やっぱり努力が大事だとか、頑張りが必要だとか、そうやって面白くないほうへ戻っていく。これがダメなんだよね。わかるかい？

その点、ユミちゃんなんかは、何でも楽しいほうへ考えるのがすごくうまい。だから、ユミちゃんと関わっている特約店さんも楽しいの。その結果、みっちゃん先生隊が一番になったんだよね。

成功する人は「もっともっと楽しく」とひたすら楽しさを求める人

アドバイスは具体的に。これが一人さん式です

ユミ　もう1つ、一人さんの言葉ですごく心に残っているのが、「落石注意型は絶対ダ

メだよ」っていう言葉です。この言葉について、改めて教えてください。

一人 落石注意って、落石に気をつけなさいってことなんだけど。そう言われたって、いつ落石があるのか、どこから石が落ちてくるのかわからない（笑）。はっきり言って、対処のしようがないんです。

要は、そういう曖昧な注意はダメですよってことなの。具体的に教えてもらわなきゃ、言われたほうは困るんです。

「お前、気をつけろよ」じゃなくて、もっと具体的に「ここを、こういうふうにするといいよ」ってアドバイスしてあげなきゃ意味がないの。わかるかい？

ちゃんと教えもしないで何か問題が起きたとしたら、それは教え方が悪いの。自分のせいだよ。

売り上げにしてもね、どうしたら増やせるかを部下と相談するならいいの。だけど、やり方も示さないで、ただ売り上げを増やせとお尻を叩くのはおかしい。

それって、経営者である自分の仕事を放棄しているのと同じです。

サラリーマンなら、部下に中途半端な指示を出して失敗したときは、上司である自分の責任だよ。わかるかい?

頭脳勝負の仕事ってね、体育会系みたいに根性出せだとか、そんなことじゃない。どういう作戦を立てるかだよ。簡単に言うと、知恵の競争なんです。で、知恵というのはリキんで出るようなものではありません。もっと穏やかで、豊かな心から出てくるの。リキんで出るのは、ウンコだけだからね(笑)。

第5章

不幸をシャットアウトする方法があるんです

励ましの第一歩は、人に嫌われないこと

ユミ 人を励ますとき、言葉ではなく信頼が大事ということですが、その前に、相手に嫌われているようではいけませんよね？

一人 もちろんだよ。嫌いな人から何を言われたって、励ましにはならないからね（笑）。嫌いな相手だと、その人がどんなに正論を言っても聞く気になれないものだよ。この人だけには言われたくないって（笑）。嫌いなやつが常識論を振りかざすって、こんなに嫌なことはないね。命がけでアドバイスを拒否したくなるかも（笑）。

ユミ 確かに（笑）。ちなみに、最初に「この人のこと好きだな」と思ってもらえるに

は、オシャレであることや、きれいにして憧れてもらえるようにするのも1つのポイントになりますか？

一人　自分の憧れている人から信じてもらえることほど嬉しいことはないから、もちろんオシャレであるとか、かっこよくあるとか、そういうのはすごく大事だと思うよ。

でもね、基本的に「自分の中には神がいて、相手の中にも神がいる。相手も自分と同じように大切な人間なんだ」という感覚があれば、人から嫌われるなんてことはありえません。事実、一人さんは人に嫌われたことがないからね。

ユミ　世の中には、人の悪口を言ったり、嫌味を言ったりして、わざわざ自分から嫌われるような言動をとる人もいます。そういう人は、なぜ嫌われることばかりするのでしょうか？

一人　要するに、自分を信じていないし、人のことも信じていないんだよな。自分の中にも、相手の中にも、神がいるなんて思っていない。ただの人間同士だと思っているから、相手を傷つけるようなことを平気でしちゃうんです。だけどね、そういう人も、学んでいるの。周りの人は、そう思ってあげるといいよね。

悪口は麻薬みたいなもの

ユミ　不思議なのですが、人の悪口を言っている人って、なぜか幸せそうに見えることがあるんです。悪口を言いながら、なぜこんなに幸せそうなんだろうって。

一人　人の悪口を言うと、それによって相手を自分より落とすんだよね。相手を落とすと、あたかも自分が上にあがったように錯覚するから、一時的に気分が良くなるの。その様子が、幸せそうに見えるのかもしれないね。でもそれは真の幸せではないから、あっという間に消えてしまいます。だから、また人の悪口を言うことで自分の気分を高揚させる……という、まるで麻薬みたいなものなんだ。

麻薬を打って幸福感を得るのと同じだから、延々と続けなきゃいけないんです。そういう危険なことをしていると、今世でものすごく苦しまなきゃいけないような出来事に直面するか、死んでから地獄に堕《お》ちるの。

ユミ 人の悪口って、ものすごく怖いものなんですね……。このことを知ると、自分の力で上にあがらなきゃいけないなって思います。

一人 そうだね。でも、自分の力で上に行くのは難しいことじゃないし、努力も何もいりません。すごく楽しいことなの。

魂は風船みたいなもので、生きている間に風船を軽くしていると天国へ行けるし、風船が重いと地獄へ行くことになります。

風船を軽くするには、とにかく明るく笑顔で生きること。要は、幸せでいようねってことなんです。明るいって、「あ、軽い（明るい）」だから。

で、グチや悪口、不平不満やなんかに埋もれて生きている人は、風船にどんどん泥水が溜まって、ずっしり重たくなるんです。

生きている間は風船にヒモがついているから下には落ちないけれど、死んだ瞬間にそのヒモは切れちゃうの。そのときに、風船が軽ければスーッと天国へ上がれるし、風船が重ければ地獄に堕ちてしまいます。

天国へ行くには、今世、あなたが幸せであることだよ。修行なんていらないの。楽しいことが幸せだから。

どれだけ苦労したかで、天国への切符がもらえるわけじゃないということを、覚えておいてくださいね。

人のアラ探しをするのは、自分が我慢しているから

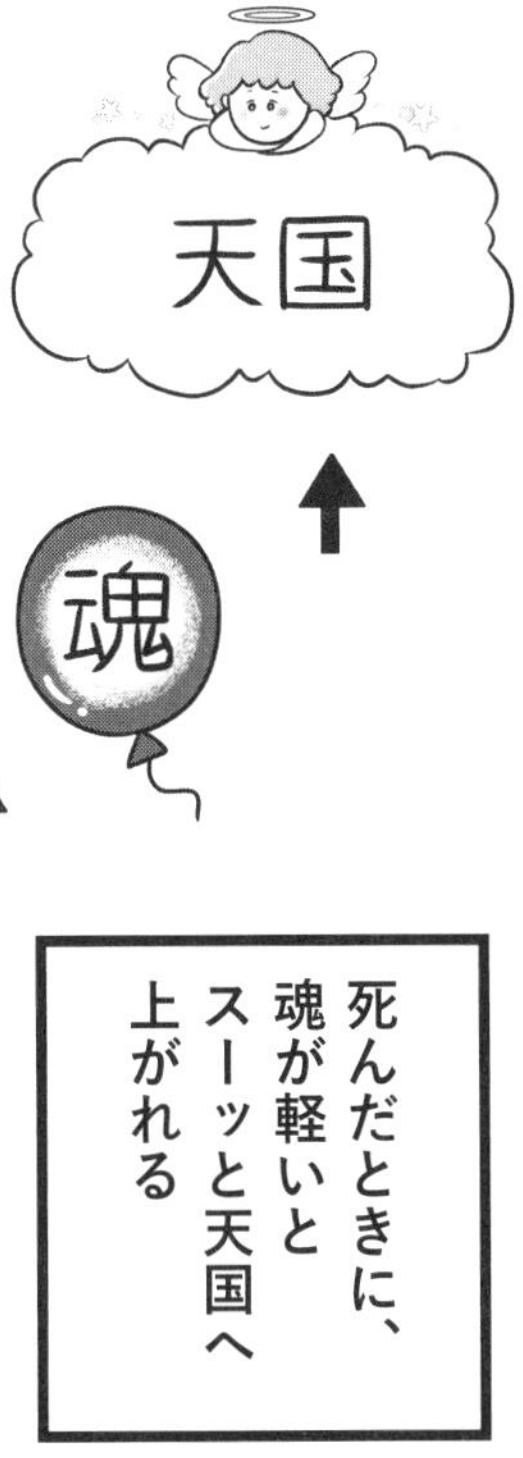

ユミ　日本では、自由に生きている人を貶《おとし》めるような風潮が強いように感じます。最近

だと、不倫へのバッシングをよく目にするのですが、なぜあんなに叩かれるのでしょうか？

一人

それは、自分が我慢しているからだよ。「私はこんなに我慢しているのに、あの人は自由にいい思いをして許せない！」っていう、そういう心境だね。我慢している人って、異性と遊ぶのはいけないことだと思い込んでいるんです。日本では、男性も女性も、かなり我慢しているんじゃないかな。

あのね、イタリアではホストクラブが成り立たないって言うんです。その理由は、イタリア人男性が、みんなホストみたいだから（笑）。

イタリア人男性って、ナンパが挨拶みたいになっていて、街を歩いていてもすぐ女性に声をかけちゃうの（笑）。で、断られたってぜんぜんひるまないし、またすぐに、別の女性に声をかけるんです。

恋人にささやく言葉だってスゴいよ。「愛してる、君は素敵だ、ビーナスだ」って、歯の浮きそうなセリフでも真剣に言っちゃうんだから（笑）。

要は、イタリアの女性って、普通に暮らしているだけで、男性からものすごくちやほやされるんだよね。

ところが日本では違います。ナンパは恥ずかしいものだというイメージがあるし、ナンパして断られたら恥ずかしい。だから、ほとんどの人はナンパをしません。

でもね、日本人女性だって、もっと男性から愛されたい。ちやほやされたい。優しくされたいんです。

日本でホストクラブがこれだけ成り立つということは、今の状態に不満を抱えている女性がたくさんいるからです。お金を払ってでも行きたいわけだから、日頃、よほど我慢しているということだよ。

ユミ　同じ人間なのに、イタリアと日本では、なぜここまで違うのでしょうか？

一人　結局、日本は江戸時代が長かったからです。戦国時代のように実力世界じゃなくなって、その状態が長く続くうちに、家柄だとか立ち居振る舞いみたいなものが重要視されるようになっちゃったの。

家がお取り潰しにならないようにするには、余計なことをしないっていう。そうすると、人のアラ探しになっちゃうんだよね。

でもね、時代はすっかり変わったんだから、そんなに我慢する必要はないんだよ。本当は、我慢のない世界のほうがいいんです。

もちろん、人に迷惑をかけるのはよくないけれど、そうじゃなければ我慢する必要なんてないよね。

ユミ 確かに、日本人にはアラ探しをする人が多いですよね……。

一人 何かあるとすぐ、「そんなことをすると、みんなに批判されるよ」とかって、あたかもこちらを心配しているみたいに言ってくる人がいるんです。

でも、そう言ってくる人ほど、一番に批判するんだよね。自分ができないことをしている人が羨ましくて、その嫉妬心を隠すために批判するの。

そんなことをしたって、ますます自分をがんじがらめにするだけだよ。余計に苦しくなっちゃう。

だから俺は絶対に、人のアラ探しはしないの。というより、これだけ自由に生きていると、人を羨ましいと思ったり、嫉妬したりすることがないんです（笑）。

それに一人さんって、人間が好きなの。だから、相手のアラなんかどうでもよくて、いいところを探したい。そういう人が、幸せになれるんだよ。

ユミ　我慢は自分のためにもよくないし、人に対しても迷惑ですね。

一人　そういうこと。でね、本当に幸せになりたいんだとしたら、もっとくだらない生き方をしたほうがいい。そうすると、たいがいのことは許せるから（笑）。

自分がうんと自由で幸せな生き方をしていると、人が何をしようが「どうぞどうぞ、お幸せに」って思えるの。

でね、もし「私はこんなに努力しているのに、あの人はいい加減な仕事ばかり」

なんて思ったときは、顔晴《がんば》るのは自分の趣味だと思えばいいんです。自分の趣味で顔晴《がんば》っているのなら、人のことは気にならなくなるからね。腹が立つのは、自分が正しくて、相手は間違っていると思っているからです。だけど正しいとか間違っているとかじゃなくて、自分は趣味で顔晴《がんば》っているんだと思えば、相手に腹は立たないよ。

嫌な相手には、笑顔で反撃（笑）

ユミ　ある女性が、実のお父さんのことで悩んでいます。お父さんは昔から口が悪く、会うたびに「シワが増えたな」「太ったな」などと、余計なことばかり言ってくるそうです。こういう場合、どう対処したらいいのでしょうか？

一人　一人さんだったら、こう言うね。

「女性に対してシワが増えたとか、太ったとか、そういうことを言っちゃいけないんだよ、このクソ親父！」

って（笑）。ポイントは、笑顔だよ。真顔で言うと血を見ることになるから、満面の笑顔でやり返すの（笑）。

人に嫌なことを言われたときは、我慢しちゃいけないんだ。我慢からは恨みしか生まれないし、うっぷんだってたまるからね。

言ってはいけないことを教えてあげるのは、相手にとってもいいことだから、むしろ言い返してあげるのが相手のためでもあるんだよ。

ただし、笑顔でです。笑顔で言えば多少キツく返しても大丈夫だけれど、同じことを真顔で返すと大変なことになっちゃうからね（笑）。

ユミ　やり返すというより、いいことを教えてあげると思えばいいんですね！

一人　そうだよ。女性に対してシワが増えたとか太ったとか、絶対に言っちゃいけないの。ところがお父さんは、そのことを知らないで生きてきたんだよね。だから、教えてあげるのが一番いい。お説教じゃなくて、いいことを教えてあげているんだよ。

で、相手のためになることをするのに、おっかない顔をする必要はないよね。何も深刻になる必要はないの。

お互いに神が宿っている者同士なんだから、知っていることは教え合って進歩していけばいいの。それが正解なんです。

ひるまず堂々と、あなたの一番の笑顔でお父さんに教えてあげるといいよ（笑）。

ユミ　ただ、女性としては、「このクソ親父」はちょっと言いづらいような……（笑）。

一人　だったら、「このウンコお父様」とか（笑）。代わりの言葉は何でもいいの。
そうやってやり返しているうちに、お父さんの悪口も、だんだん直ってくるはずだよ。

ユミ　ちなみに、こちらがやり返したとき、さらに言い返されたらどうすべきですか？

一人　そうしたら、また教えてあげたらいいだけのことだよ。そのときに何を言うかは、自分で好きな言葉を選べばいいの。心配しなくても、お互い神だと思っていると、自然に適切な言葉が思い浮かぶからね。大丈夫ですよ。

我慢しないで笑顔で反撃

お父さんの攻撃をうまくいなして、笑顔で教えられるようになったら、その女性の人生はガラッと変わるはずだよ。

もし一人さんがいじめられたら……

ユミ　はなゑ社長の講演会に来る人の中には、会社でいじめに遭《あ》っている人もいらっしゃるそうです。その中でも、業務用の大型冷蔵庫に閉じ込められたとか、そういうひどいものもあると聞きました……。

一人　いじめに遭っている人は、まず、これまで心の中にためてきたものをぜんぶ吐き出したほうがいいよね。俺たちは聖人君子じゃないから、平気なフリをしてごまかしても、また苦しくなるだけなんです。

で、心の中を掃除するにはどうすればいいかっていうと、閉め切った車の中とか、誰にも聞かれない場所で、気が済むまで「バカヤロー！」って怒鳴りまくってごらん。そうやって、とにかく発散するの。

荒《あ》れてしまった畑は、一度ちゃんときれいに整えてからじゃなきゃ、新しい種を蒔くことができないのと同じだよ。わかるかい？

ユミ　なるほど、わかりました。
ちなみに、もし一人さんがそういう陰湿ないじめに遭ったとしたら、やっぱり笑っちゃうような対処法を考えますか？

一人　もし一人さんが冷蔵庫に閉じ込められたら――そうだな、死んだフリをして絶対に起きない（笑）。そうすれば、死んじゃったと思って、相手は青ざめるでしょ。

二度といじめなんかしようと思わなくなるんじゃないかな。

あのね、俺がいじめを受けたら、絶対に俺のところでやめさせるんです。

だって、俺をいじめてうまくいったら、また別の人がいじめられて苦しむことになるからね。

俺のところでやめさせるのは、俺のためでもあるし、相手のためでもあるの。

だけどね、一人さんは強いからそういう方法で相手をやっつけられるだけで、やり返せない人は、とにかく我慢だけはやめようねって。

我慢は自分のためにもならないし、相手のためにもならない。

自分のため、相手のため、みんなのためになるのが神事だから、我慢する必要はないんだよ。

どうにもならない嫌な相手からは逃げるが勝ち

一人　もし、どうしても環境的に我慢しなきゃいけない場合は、会社を辞めるとか、引っ越すとかして、そこから逃げたほうがいい。それくらい、我慢はいけないいんだ。

ユミ　たとえば、親やきょうだいといった家族との関係に悩んでいる人は、なかなか逃げることができませんよね。休暇には里帰りするのが当たり前になっているけれど、本心では実家に帰りたくない人もいるのではないでしょうか？　こういう場合の逃げ方があれば教えてください。

一人　だったら、最初から帰省しなきゃいいの。あなたの気分が悪くなるくらいだったら、実家だろうと親戚の家だろうと、行かないに越したことはないんです。それを「親子だから行かなきゃ」とか思うから、苦しくなるんだよね。家族でも他人でも関係ないよ。嫌なところへは行かなくていいんです。逃げられることからは、ためらわず逃げていいの。というより、逃げなきゃいけないよ。何でもいいから理由をつけて断っちゃえばいいんです。気分が悪くなるのは、神様が「我慢はいけないよ」って教えてくれているの。だってそのまま我慢し続けていると、親を嫌いになっちゃうだけだから。そのほうがよっぽどつらい。
でね、心の声に従って我慢しない状況をつくっていると、次に親と会ったとき、あなたを悩ませるような問題は起きないものだよ。

里帰りの季節だけど、
実家に帰りたくない
ゴロゴロ

**嫌なところへは
行かなくていい**

ユミ　親からも逃げていいというのは、すごく気持ちが軽くなりますね。

一人　だって、ラクで幸せが一番だからね。神が望んでいるのは俺たちの幸せなんです。そういう意味では、嫌な親を利用しちゃうくらいでちょうどいいの。彼女（彼氏）でもつくって、表向きには親に会いに行くフリをして恋人と旅行に行っちゃうとか（笑）。俺に言わせると、そっちのほうがよっぽど健全だと思うよ。親を嫌わないで済むし。まさに神的解決法だね（笑）。

それは冗談としても、要は、世間の人は逃げちゃいけないと思い込みすぎているんです。だけど、うまく対処できないときは逃げるが勝ち。絶対に我慢しちゃいけないの。

嫌なところからは、いつでも逃げるんだよ。

男女が逆転して何がいけないの？

ユミ　たとえば、会社を辞めてもいいというのは、パートナーに対して言ってあげてもいいものでしょうか？

一人　それがね、旦那に対しては、そういうことを言っちゃダメなんです。旦那を甘やかすとダメ男をつくるだけだからね。じゃあどうしたらいいんでしょうかっていうと、尻を叩いて働かせればいい（笑）。で、邪魔だったら捨てる（笑）。本当にそうだよ。奥さんだけは、旦那を叱ってかまいません。なぜかというと、奥さんがお尻を叩くのは愛だから。お母ちゃんと同じなんです。自信をなくしている、働く意欲をなくしている人に、奥さんが働かなくていいよって言ったら、本当に働かなくなっちゃうよ。

ユミ　愛のムチを振るうことができるのは奥さんだけだから、奥さんは愛のムチを使って（叱って）もいいということですか？

一人　そういうこと。でね、奥さんに「働かないと捨てるよ」って言われて、捨てられたくないから旦那が真面目に働くじゃない。それって、旦那が自分で「働く」ということを選択したんです。

要は、別れるか別れないか、その選択権を男が取り戻したことになる。それが自信にもつながるんだ。


ユミ　ある方が、アルコール依存症だった旦那さんについて、講演会でこうおっしゃっていたそうです。

「旦那を本当に助けたかったら、覚悟を持って捨てるしかない。早く捨ててあげればよかったのに、私が旦那をダメにしちゃった。

相手を殺して自分も死ぬかってところまで追い込まれてから捨てたら、そこから這《は》い上がってきたときには、ガンで余命わずかしか残されていなかった」

このお話を、一人さんはどう思われますか？

一人　その答えは間違いじゃないんです。だけど、一人さん的な考え方をすると、50点くらいかな。

本当に神的なことを言うとね、その方は生活力がある方で、なかなか捨てられないほど旦那を愛していたわけだから、はなから食わせてあげたらよかったの。だけどきっと、心の中に「男だからしっかりさせなきゃいけない」っていう思いがあって、それが旦那の重しになっていたんだよね。

でもね、男だからって、何もしっかりしなきゃいけないってことはないんです。女性だって、みんな平気で亭主の金を使っているんだから（笑）。で、女性は強いから、そのことを少しも悪いと思っていない（笑）。だから、精神的に病《や》むこともないんだ。

まぁ、そこが女性の可愛いところなんだけどね（大笑）。

女性に稼ぎがあるんだったら、旦那を食わせてあげたらいいだけの話なの。ところが、普通の人は男性も女性も、どこかに罪悪感があるんだよね。

男だからしっかりしなきゃいけないとか、女に食わせてもらって情けないとか。それって、間違っているよ。男が稼がなきゃいけないという決まりがあるわけじゃないんだから、稼ぎのあるほうが食わせればいいんです。

ユミ　では、お尻を叩いて愛のムチを振るわなきゃいけないっていうのは……。

一人　それは、両方に稼ぎがないときです。女性に稼ぎがある場合は、うんと稼いで旦那を養ってあげたらいいよね。

とにかく、この世は何でもラクなほうが正しいの。旦那のお尻を叩くより自分が働いたほうが早いって思う人は、旦那を置いてさっさと働きに出たらいい（笑）。そのほうがラクでスカッとするわけだから、それが自分にとっての正解だよね。

そもそも、しっかり稼ぐ人には、稼がない人がくっつくようになっているんです（笑）。陰と陽は呼び合う。それがこの世の摂理なの。わかるかい？

男女はそれでうまくいくんです。それを間違いだと言うから、おかしくなるんだよね。

今は夫婦のどちらが稼ぐかなんて関係ありません。男性、女性のどちらが稼いでもいいんだ。

ユミ　男性も、堂々と「うちは妻の稼ぎで生活しています」って言えばいいですよね。

一人　そうだよ。で、もし専業主夫という肩書きが嫌だったら、「自宅警備員」と思えばいい（笑）。そうやって、何でも気楽に考えてごらん。自分がどんな立場であろうと、人生はパッと面白くなるよ。

努力なしに出たアイデアは、努力なく成功できる

一人　中学生の頃の話なんだけどね。試験のときに、学校で一番頭のいい女の子が俺の隣に座ったの。で、その子は問題を解き終わると、解答用紙を俺のほうへそっと寄せてくれたんです。しかも、全教科（笑）。

なぜ見せてくれたのかはわからないし、ひょっとしたら見せるつもりはなかったのかもしれない。だけど俺の席から見えるものだから、それなら少し参考にさせてもらおうって（笑）。

といって、あんまり見るわけにもいかないから、チラチラっと何問か見たの。そうしたら、見たところはぜんぶ答えが合ってたんです（笑）。

しばらくして、カンニングのことなんてすっかり忘れていたら、ある日学校でみんなに「斎藤君、スゴいな！」って。なんと、試験の結果を受け、「特に努力した人」ということで、俺の名前が掲示板に貼り出されているんです（笑）。

あのね、ちょっと見て、1教科につき20点くらい得点がプラスされたんだけど、それが7教科だから、ぜんぶで140点になるんです。総合点では、ものすごい成績が伸びちゃったの（笑）。

何が言いたいんですかって？　要は、ちょっと努力しただけで現実は違ってきちゃうよってことなんです（笑）。

もちろんカンニングはいけないことだけど、ちょっと見ただけでこんなに違うわけだから、正しいことだったら絶対にやったほうがいいよねって。

で、俺の人生って、本当にこんな人生なの。努力とは無縁（笑）。

あのね、努力に努力を重ねて……という人が、「ある日、お風呂やトイレに入っているときに、ポンと知恵が浮かんだ」とかって言うんだよね。それって、お風呂やトイレに入っているときは努力をやめたときだから、ひらめきと努力は関係ないじゃないかって思うの（笑）。

ユミ 言われてみれば、その通りですね！　もし努力することが正解なら、努力している最中にひらめくはずですよね。

一人 そうなんだ。努力からひらめきは生まれないよ。事実、俺はこの歳になるまで努力なんてしないで気楽に生きてきたけれど、いいアイデアに恵まれ続けているんです。

普通の人が風呂やトイレで息を抜いているときのような、アイデアの出やすい状態がずっと続いているんだよ。

もちろん、努力して出るアイデアもあるけれど、そういうアイデアは、努力しなきゃ成功しないようなアイデアなんだ。

そうすると、部下のお尻を叩いて働かせなきゃいけないとか、そういうことになる。で、思い通りにならない部下を怒ってばかりいると、怒らなきゃやらない部下ばかりやってくるんです。

だから一人さんは、最初から努力が必要なアイデアは求めないし、実際に努力なしに成功できるような知恵ばかり出てくるの。

そんなうまい話があるんですかって？　あるからうまい話なんだよ（笑）。

第6章

信じることで、肩の荷を下ろせる

運がいいのは当たり前だよ

ユミ 一人さんはいつも、難行苦行《なんぎょうくぎょう》はいらないよっておっしゃいます。難行苦行をしたって天国に行くことはできないよって。

一人 そうだよ。だってつらい思いをしなきゃいけないんだったら、それだけでもう天国じゃないよね（笑）。天国ってバラ色で、手放しで楽しめるところでしょ？
それとね、願いを叶えるためにリキんだり、無理をしたり、努力したりすること自体、神を信じていないのと同じだよ。

あのね、本当に運がいい人って、「俺は運がいい」とか、そういうことは意識していないの。自分は運がよくて当たり前だと思い込んでいて、いちいち運がいいだの悪いだのって意識していないんだよね。

同じように、女性にモテる人は、生まれつきモテるんです（笑）。どうしたらモテるだろうかとか、モテるコツを探したりはしていないの。だいたい俺が知る限りでは、モテようと努力している人で、本当にモテてる人は見たことがない（笑）。何でもそうだよ。

ユミ　神を信じていると、成功するのが当たり前だと思えるようになるから、変に意識しなくても成功できるんですね。

一人　そうだね。モテる人は、モテると思い込んでいるの。思い込んでいるから、余計にモテるようになっちゃうんだ。
でもね、「よし、俺は絶対モテると思い込むぞ！」なんてリキむ問題じゃないよ（笑）。ポイントは、さらりと思い込むことなの。軽い気持ちで思い込むのが正解だよ。

ユミ　確かに重い決意って、そもそも信じていないから力ずくで思い込もうとしているような印象を受けます。

一人

考え方だって、思いだって、軽くなきゃいけないよ。重いのは間違いなんだ。重い考えってね、最初はよくても、だんだん苦しくなってくるから。暗い考えとか我慢とか、そういうのは心が重くなるよね。だから一人さんは、我慢も努力もやめなって言うの。明るく、軽い気持ちでいこうねって。

もし、あなたがモテないことで悩んでいるんだとしたら、重苦しく悩んじゃダメだよ。そんなことをしていると、ますますモテなくなるだけだからね（笑）。もっともっと軽く考えるんです。

たとえば、モテたいっていうくらいだから、あなたはスケベなんだよな（笑）。だとしたら、いっそのこと「全日本スケベの会」みたいなのをつくって、そこで彼女を募集してごらんよ。

するとね、こんなへんてこりんな会をつくるなんて面白い人だろうなって、彼女になりたい人が3人くらい応募してくるから（笑）。

女性だって、本当は遊びたいと思っている人が大勢いるんです。ちょっといい男に声をかけられたら、お茶くらい一緒に飲みたいと思っている人、実はかなりたくさんいると思うよ（笑）。

でも、男遊びをするのはいけないことだと思い込んでいるから、我慢して自分をおさえ込んでいるの。

もっと自由に、楽しくやればいいのにって、一人さんなんかは思うけどね（笑）。

モテなくても↓重く悩んじゃダメ

肩の荷を下ろしてあげる。それが最高の応援

ユミ　一人さんと話していると、特別な言葉をかけられているわけではないのに、ものすごく気持ちが軽くなります。すごく不思議。

一人　それはきっと、俺の話にはいつも、「どうしたら肩の荷を下ろしてあげられるか」っていう気持ちがベースにあるからだろうね。

一人さんは今世、人の肩の荷を下ろすっていうお役目をいただいて生まれてきたんだと思っています。

だから自分も相手も信頼して、肩の荷を下ろしてあげるの。特別な言葉なんかなくても、それができれば最高の応援になるんだ。

ユミ　肩の荷を下ろしてもらっていると聞いて、すごく納得しました！私も含め、一人さんのお弟子さんたちはどんどん肩の荷を下ろしてもらえたからこそ、ものすごい成功を手に入れたわけですね。

一人　その通りだよ。今までは歩くだけでもしんどかったのが、背負ってる荷物が軽くなれば、走り出すこともできる。当然、一足飛びに成功するんです。それに、会うたびに重しをのせてくるような人には誰だって会いたくないけれど、会うたびに肩の荷を下ろしてくれる人だったら会いたくてしょうがないよね。その人のことが大好きになるでしょ？好きな人のためには頑晴《がんば》りたくなる。だから、まるかんという会社は不況に関係なく成長し続けてきたし、今だってものすごく順風満帆《じゅんぷうまんぱん》なんです。

ユミ　「肩の荷を下ろしてあげるんだ」っていうスタイルを貫けば、どんな言葉を発していても相手を励ますことができますね。

一人

そのスタイルを崩さなければ、あなたの口からはいい言葉しか出てこないよ。

「みんなは肩に荷物をのせようとするけれど、私だけは下ろしてあげるんだ」

そう思っているとね、周りの人があなたの大ファンになって、どんどん助けてくれるようになる。だから、びっくりするくらい成功しちゃうの。

「頑張って」と言って、
重しをのせるんじゃなく
肩の荷を下ろして
あげると
その人を大好きになる！

ちょっと考え方を変えるだけで、人のことが気にならなくなる

ユミ　人を信じるには、まず自分から。それと同じように、まずは自分の肩の荷を下ろさなきゃいけないですよね？

一人　もちろんだよ。自分の荷物が重くてヨロけているような人が、ほかの人の荷物を下ろすなんて無理だからね（笑）。まずは、自分の肩の荷を下ろさないと。

そのためには、「もっと頑張らなきゃダメだ」とか、「まだまだ足りない」って自分のお尻を叩いたりしちゃダメだよ。

できない自分を許すの。「大丈夫、よくやってるよ」って褒めてあげてください。

それをやっていると、スッと体が軽くなるからね。

それでも自分に厳しくなっちゃう人は、ちょっと考え方を変化させてごらん。たとえばキリストと立派さで勝負しても負けるけれど、愛人の数だったら俺のほうが勝ってるぞ、とかね（笑）。

自分に都合のいいことで勝負すればいいんです。わかるかい？

これね、人に対しても応用できるの。

「アイツは女にうつつを抜かして……」って腹の立つ人がいるとするよね。そういうとき、ちょっと見方を変えてみるの。

「アイツ、いろんな女にモテて、スゴい才能だな！」って（笑）。

こう思うだけで、ずいぶん相手に対して優しい気持ちになれるんだ。

だいたいね、そういうふうに考え方が変わってくると、いい意味で人のことが気にならなくなるものです。相手に彼女が何人いようが、どうでもよくなるの。

無関心になるとかじゃなくて、自分が幸せだから、人に嫉妬したり腹を立てたりしなくなるんだよね。

ユミ　すごくよくわかります。私も、自分がうんと幸せになったことで、嫌な人にすら

「どうぞご自由に♪　もっと楽しく、もっと幸せになってくださいね〜」って思えるようになりました。

一人　勝手に一人さんの話で商売している人がいても、何とも思わないくらい俺は幸せなの。自分の幸せを最優先にすると、他人に振り回されなくなるんです。

人のことで腹を立てている自分って気分が悪いし、ぜんぜん幸せじゃないよね。

しかも相手は、あなたのことなんてぜんぜん気にしていないかもしれない（笑）。それどころか、何だか暗い表情のあなたを見て、気の毒に思っているかもしれません。奥さんと喧嘩《けんか》でもしたのかな、ご家庭で何か問題が起きているのかなって。で、「大変ですね、わかりますよ」とか同情されちゃうの（笑）。

最後には、「あんなに暗い顔の亭主が家にいたんじゃ、奥さんのほうが気の毒だ」なんて憐《あわ》れまれたりして（笑）。

余計に腹が立つね（笑）。

気がラクになるとダメ人間になる？それって間違いだよ

ユミ　世間の常識では、肩の荷を下ろすと大変なことになっちゃうとか、ダメ人間になっちゃうとか、そういう感覚があります。でも、一人さん流では真逆。肩の荷を下ろして、気をラクにしなきゃ成功しないというお話なんですよね。

一人　ユミちゃんの言う通りだよ。肩の荷を下ろすと大変なことになるのではなくて、肩の荷を下ろさないから大変なことになっちゃうの。

にもかかわらず、世間ではなぜ、肩の荷を下ろすことに罪悪感を抱くのか。それは、家庭や学校で、肩の荷を下ろすんだよって教わらないからです。

残念なことに、まだまだ日本では「頑張れ」「我慢しろ」っていうのが教育の柱になっているから、肩の荷を下ろすのとは真逆なんだよね。

でも本当は、肩の荷を下ろしながら成功しなきゃいけないんだ。それが絶対正しい道なんです。

つぶれそうになっている人に、なお「励まし」という名の荷物を背負わせるなんて、ただのいじめだよ。成功できるはずがないんだ。


じゃあ、どうやって肩の荷を下ろしたらいいんですか、本当に成功できるんですかって？　世の中にはその見本がほとんどない。みんなどうしたらいいかわからないよね。

だから一人さんは、その見本だよっていうことを伝えているんです。

で、見本である以上は、自分の肩の荷を下ろしながら人の肩の荷も下ろして、それでいて商売でうんと成功し続けなきゃいけないんです。

でなきゃ、みんなの見本になれないからね。

ユミ　いろいろな成功者の本を読んでみると、「うわぁ、こんなに努力しなきゃ成功できないんだ……自分には無理だな」と思うようなことがたくさん書かれています。でも、うまくいっている本当の理由は、努力の部分ではないんですね。

一人　苦労話ってね、必ずうまくいってないときに起きた出来事なんです。「そのやり方は間違っていますよ」っていう、天からのメッセージなの。

成功は、その苦労のおかげで得られたものではないんだよね。

もちろん、間違っているよって教えてくれた出来事だから、そのときは本人にとって必要な苦労だったとも言えるけれど、苦労なしには成功できないという意味ではないの。

うまくいくときは、間違いなくトントン拍子だよ。

大成功している人ほど、トントン拍子に成功しているんです。

「頑張ってね！」より「顔《がん》晴《ば》ってるね！」

ユミ　仕事を応援したい、勉強を応援したい、子育てを応援したい……というように、日々の暮らしの中には、誰かの応援をしたくなる場面がとてもたくさんあります。そんなとき、普通は「頑張ってね！」という言葉が使われがちですが、頑張るという言葉には「まだ頑張りが足りないよ」「まだまだ努力できるよ」という意味が含まれているようで、使いにくさを感じています。

もっと「あなたなら大丈夫だよ」という、温かさが伝わるような言葉はないでしょうか？


一人 すごくいい質問です。あのね、そういうときは、ちょっとだけ表現を変えて「顔《がん》晴《ば》ってるね！」と言ってあげたらいいんだ。

「頑張って」と言われることが重く感じてしまう人でも、「顔《がん》晴《ば》ってるね」なら重くないと思うんです。なぜなら、聞いた瞬間に「よくやってるね、スゴいよ！」っていう波動が伝わるから。

「顔《がん》晴《ば》ってるね」は、相手を信じているという気持ちの表れでもあるよね。

「頑張って」というのは、強い人には心地よく響くかもしれない。だけど人によっては、「頑張って」が相手を追い詰めてしまったり、つぶしてしまったりすることもあるんです。

テストで30点だった人が、「次は頑張って!」と言われたらつらいんだよ。

あのね、50点取れる実力があるのに30点ということはないの。30点が今のその人の実力だから、精いっぱい力を出した結果が30点なんだよね。

それなのにもっと努力しろって、すでにテストの結果を見て落ち込んでいるのに、追い打ちをかけるようなものだよ。


怠けているんじゃないかと思うほど仕事ができない人も、その人にとっては、限界の力を出してそれなのかもしれない。自分ができるから相手が怠けているように見えるだけで、本当はめいっぱい顔晴《がんば》っている可能性もあるよね。

引きこもりの人でも、自殺しない程度に家で顔晴《がんば》っているんです。

もちろん、「顔晴《がんば》ってるね」は自分に対しても言ってあげたい言葉だよ。自分に言えないのに、人に言えっこないからね。

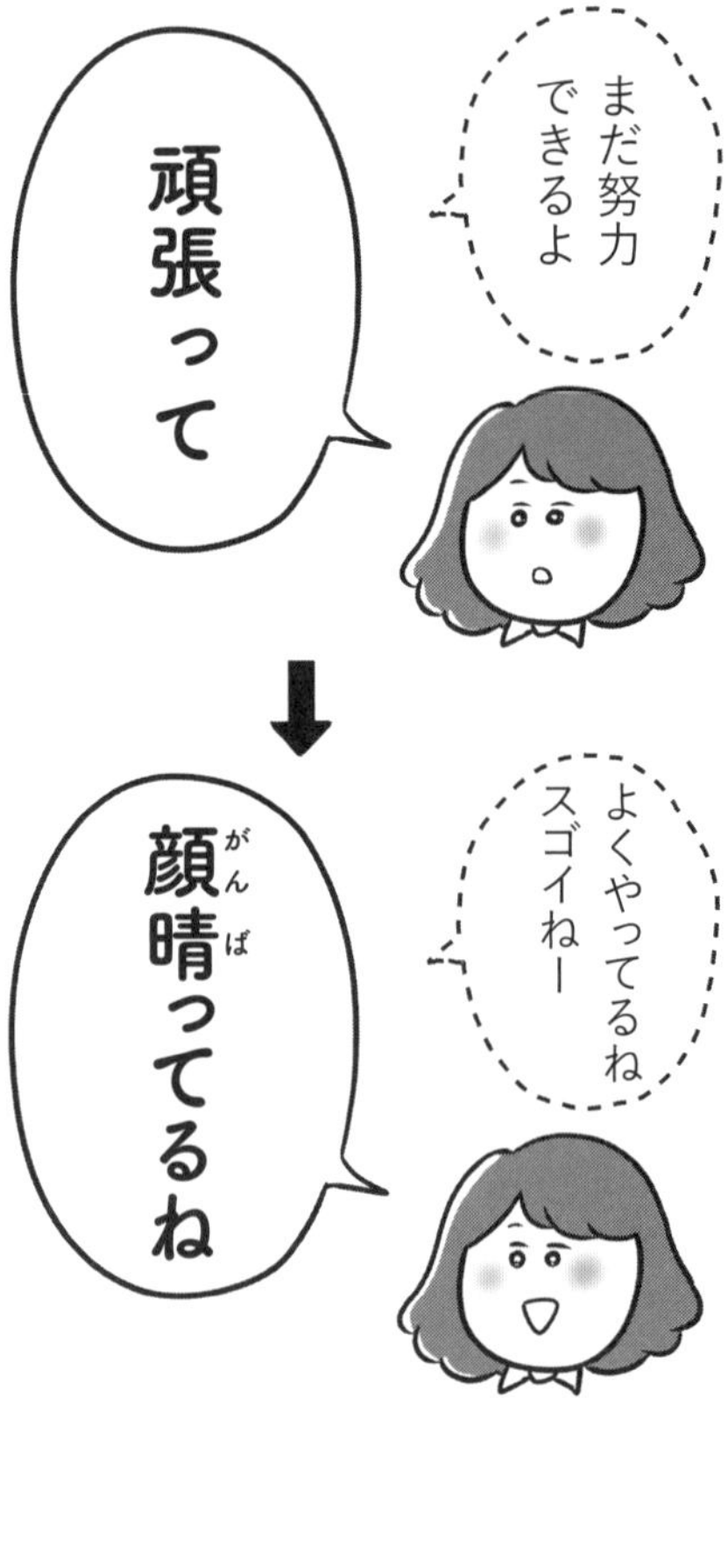

ユミ　「顔晴《がんば》ってるね」は、すごくいい言葉だと思います！

一人　でね、正しいことをやっていると、神が実証してくれるんです。
自分の気持ちがラクになるとか、相手が素直になるとか、貯金が増えるとか、彼女ができるとか。必ずいいことが起きるんだよ。

反対に、いいことが起きないということは、神事ではないの。豊かになるって言いながらなぜか貯金が減っていくとか、ありえない（笑）。実証されないものは、何かが間違っているんだよ。嘘だと思ったら、試してごらん。「頑張れよ」という言葉を使ったときと、「顔晴《がんば》ってるね」と言ったときで、相手の反応や、自分に起きる現象がどう違ってくるか、やってみたらいいんです。

正しいことをしていると、必ずいいことが起きる。人生が変わってくるの。そもそも、「頑張って」がベストな励ましだったら、世間の人はみんな励まされまくって、みんな大成功しているはずだよね（笑）。

ユミ　ちなみに、これから試合があるとか、発表会があるとか、そういう人を送り出すときには、どんな言葉をかけてあげるといいでしょうか？

一人　そういうとき、俺だったら「楽しんでおいで」って送り出すかな。今まで顔晴《がんば》ってきたから、今日は楽しみなって。

だって、楽しんだほうが緊張しないし、実力も出せるものだよ。

ユミ　なるほど。英語にも「ハブ・ファン（楽しんできてね）」という表現があって、すごくよく使われる言葉だそうです。日本でも、もっと「楽しんできてね」と言うのが広まるといいですね！

嫌になったら、いつでもやめていいからね

一人　これは極端かもしれないけれど、俺なんかね、たとえば誰かが就職したときやなんかにかける、お祝いの言葉が決まっているの。
嫌になったらやめちゃいなよって（笑）。

ユミ　最高に肩の荷が下ります！

一人　水泳をはじめた、ピアノをはじめた、進学した……どんな場合でも、「自分に向かないと思ったらやめちゃいな」って言うの。

ピアノができなくたって生きていけるんだよ。水泳ができなくても、そんなに困ることはない。学校だって、嫌なら転校してもいいし、学校そのものが苦手なら行かなくてもいいの。

それを、一度はじめたものは絶対にやめちゃいけないように追い込むのがいけないんです。あなたの人生を台無しにしてまで続けるほど、大事なものですかって話なんだ。わかるかい？

もちろん、やりたかったら続ければいいの。だって自分の好きなことだから、楽しく続けられるよね。

やめてもいいのにやめないということは、自分の意志なんです。

あのね、楽しいって、自分の意志でやるから楽しめるんだよ。親に言われてやっているから楽しいわけじゃないからね。

ユミ　私はまるかんでお仕事をさせていただくようになり、仕事というのはこんなに気楽で面白いものかと、目からウロコが落ちました。

事務所では大音量で音楽が流れているし、スタッフはみんなすごく仲が良くて、仕事をしながらゲラゲラ大声で笑っている（笑）。

こんなに楽しい会社、今まで見たことがありません。それでいてお給料までもらえるのですから、言うことないですよね。絶対に、この会社だけは辞めないぞって（笑）。

一人　それはよかった（笑）。だけど、嫌になったらいつでも辞めていいんだよ（笑）。

あのね、働きすぎて精神を病んだ人が自殺したっていうニュースをよく目にするけれど、それは働きすぎが原因というより、嫌なことを我慢したからだよね。

死ぬほど嫌なことがある会社なのに、それでも会社を辞められなかったんです。

誰か１人でいい。

「命のほうが大切だから、会社なんて辞めちゃっていいんだよ」
そう言ってあげられる人がいたら、死ぬことはなかったかもしれません。

俺たちは、今世、楽しむために生まれてきたんだよ。楽しんで、成功して、みんな幸せにならなきゃいけないんです。

でね、間違っても、努力に努力を重ねるようなことをしちゃいけない。それが一人さん流のスタイルです。

肩の荷を下ろしながら成功しな。だって、あなたの幸せが第一だもの。

我慢して、努力して、それで出世できたとしても、病気になったり心を病んだりしたらしょうがないよね。

せっかく我慢や努力なしに成功できる方法があるんだから、その方法で出世することを考えてみるといいよ。

言葉一つで人間関係も仕事もぜんぶうまくいく

ユミ　まるかんでは、先に仕事が終わって帰る人が、残っている人にこんな言葉をかけるんです。

「お先に失礼します。残りのお仕事も楽しんでくださいね」

そんなふうに言われると、残っているほうは気持ちがよくなって「よし、顔晴《がんば》ろう」って思えるし、先に帰る人に対しても「楽しいアフターファイブを！」って言えるんです。

ほかにも、「お疲れさま」の代わりに、「ご活躍さま」「上気元《じょうきげん》さま」「お幸せさま」など、素敵な言葉があちこちで飛び交っています。

一人　あのね、仕事がうまくいかないって、ほとんどの場合は人間関係なんだよね。

仕事そのものに問題があるというより、人とうまく関係が築けなくて問題が起きているということが多いんです。

じゃあ、人間関係って何かというと、言葉だよ。一番簡単に毒を盛られるのは、言葉だからね。

昔は刀で人を傷つけていたけれど、今は言葉で人を傷つけるの。だけど、言葉って人を傷つけるものじゃないよね。人を癒したり、励ましたりするために使わなきゃいけない。

傷つける言葉を使っている人と、人を癒す言葉を使っている人とでは、集まってくる人も変わるよ。ひいては、仕事の結果もぜんぜん違ってきちゃうんです。

ユミ　今はインターネットでも、匿名だからわからないだろうって嫌なことを言う人が多いです。でも、その言葉が実は自分の中にいる神を傷つけているんだと思えば、絶対に傷つけるような言葉は出ませんよね。

一人　そうだね。おかげさまで、俺なんか斎藤一人っていう名前だけれど、一人になったことなんか1回もないよ（笑）。それくらい、いつも人に囲まれているの。

そうすると、お金があるから人が集まってくるんだろうとか、そういうことを言う人が出てくるんだけど。あのね、俺の周りにいる人って、みんなお金持ちなの（笑）。俺からもらわなくても、好きなものは何でも自分で買えるし、うんと豊かに生きていける人たちなんだよね。

じゃあどうして俺の周りにいるのかっていうと、一人さんと一緒にいると楽しいからだよ。

俺はいつも楽しく豊かな気持ちで生きているから、そういう言葉しか出てこないの。すると、自然とみんな豊かな言葉を使うようになって、その通り心も経済的にも豊かになるんです。

だからますます楽しくなって、どんなにお金持ちになっても、一人さんのそばにいたいって言ってくれるんだよ。

この世での勝負は、自分がどれだけ幸せになるか

一人　それとね、誰にでも悩みってあるの。もちろん、俺にだって悩みはあるんだよ。どんな悩みですかって？　今日の昼飯は何を食おうかっていう悩み（笑）。毎日、昼飯のことでものすごく悩んでいるんです（笑）。

こないだなんて、ちらし寿司を食おうって鉄の意志で出発したのに、お店に着いたら、入り口で突然「やっぱり天丼にしようかな」とかって、迷う迷う（笑）。

悩みって贅沢《ぜいたく》だよね、選べるという贅沢なの。


何が言いたいんですかって？　要は、悩みを聞くと、その人がどれくらい幸せかわかるよっていう話です。

たとえば、「いい会社に入ったからここで頑張らなければいけないんだ」って、

それは選ぶ余地がないから苦しいの。いざとなったら辞めちゃってもいい。再就職することもできるよね。それが嫌なら、自分で商売をしてもいいし、いろんな可能性がある。いくらでも選択肢はあるんです。

あなたは、その中から好きなものを選べるのに、なぜ選ばないんですかって。豊かな選択ができるのに、なぜ貧しいほうへ行くんですかってことだよ。

一人さんは定食屋が好きなんです。帝国ホテルでランチを食べるという選択肢もあるのに、それを蹴って定食屋へ行く。こんなに豊かなことはないよ（笑）。

ユミ 豊かな気持ちで生きるって、自分を大切にするということですよね。つまり、自分の中の神を大切にしているということになり、何か天からのご褒美がもらえたりするのでしょうか？

一人 すごいご褒美がもらえるんです。だから俺はものすごく幸せで、お金にも仕事にも、女性にも困ったことがないの（笑）。何一つ困ったことが起きないのは、俺の人生、ご褒美の連続だからだよ。

バブルがはじけようが何しようが、俺の会社は関係ない。だって神が味方している人に、どうやって困るようなことが起きるの？

神が喜ぶような生き方をしていると、いくらでも幸せがもらえるんです。果てしなく幸せになるんだよ。

この世での勝負ってね、自分がどのくらい幸せになるかだよね。そういう意味では、一人さんは間違いなく、この人生の勝者なんだ。

世界で一番のパワースポットは、あなたがいる「そこ」だよ

ユミ　一人さんに「今、世界で一番波動のいいところはどこですか？」という質問をす

ると、必ず「ここだよ」っておっしゃいますよね。

一人　当たり前だよ、だって俺がいるんだもの（笑）。方位なんて関係ないんです。北も南も関係ない。自分のいるところが中心になっちゃえば、どっちを向いても吉方なんだよ（笑）。

なぜ俺のいるところは一番波動がいいかっていうと、俺はいいことばかり考えているからです。成功すること、幸せになることしか考えていないから、実際に俺の人生には成功と幸せしかない。

これ以上、波動のいい場所ってないよ、と一人さんは思い込んでいます（笑）。

自分のいるところが
パワースポット

幸せに終わりはありません

ユミ　私は最近、幸せの涙を本当によく流すようになりました。生きているだけでありがたくて、この幸せに感謝の気持ちが湧いてくる。些細《ささい》なことに、すごく感動するようにもなりました。

一人　小さなことに幸せを感じるようになったのは、それだけユミちゃんが幸せになったということなの。

不幸なときって、よほど大きなことにしか幸せって感じられないんだよね。だけど、幸せがうんと大きくなってくると、小さいことにものすごく幸せを感じられるようになるんです。

幸せは、幸せを呼んでくるの。

呼んでくるって、もっとでっかい幸せが運ばれてくるようなイメージかもしれないけれど、そういうわけじゃないの。日常の小さなことがびっくりするほど幸せに感じられるとか、そういうささやかなことも含めて、次から次へと幸せが呼び寄せられるんだよね。

幸せって無限にあるんです。幸せに終わりはないよ。

おわりに

ユミちゃん、明るい笑顔で一人さんの理論を証明してくれて、ありがとう。
みんなに幸せの輪が広がりますように。

さいとうひとり

ひとりさんとお弟子さんたちのブログについて

斎藤一人オフィシャルブログ

https://ameblo.jp/saitou-hitori-official

一人さんが毎日あなたのために、ついてる言葉を、日替わりで載せてくれています。ぜひ、遊びにきてください。

斎藤一人公式ツイッター

https://twitter.com/O4Wr8uAizHerEWj

お弟子さんたちのブログ

柴村恵美子さんのブログ https://ameblo.jp/tuiteru-emiko/
ホームページ http://shibamuraemiko.com

舛岡はなゑさんのブログ https://ameblo.jp/tsuki-4978/
オフィシャルサイト（講演会・美開運メイク・癒やしのセラピスト）
https://bikaiun.com

みっちゃん先生のブログ https://ameblo.jp/genbu-m4900/

宮本真由美さんのブログ https://ameblo.jp/mm4900/

千葉純一さんのブログ https://ameblo.jp/chiba4900/

遠藤忠夫さんのブログ https://ameblo.jp/ukon-azuki/

宇野信行さんのブログ https://ameblo.jp/nobuyuki4499

高津りえさんのブログ http://blog.rie-hikari.com/

おがちゃんのブログ https://ameblo.jp/mukarayu-ogata/

楽しいお知らせ

無料

ひとりさんファンなら
一生に一度はやってみたい

「大《おお》笑《わらい》参り」

ハンコを9個集める楽しいお参りです。
9個集めるのに約7分でできます。

場所：ひとりさんファンクラブ

JR新小岩駅南口アーケード街徒歩3分
東京都葛飾区新小岩1-54-5 1F
電話：03-3654-4949
年中無休（朝10時～夜7時）

無料

商売繁盛　**健康祈願**　**合格祈願**　**就職祈願**　**恋愛祈願**　**金運祈願**

〈斎藤一人さんのプロフィール〉

実業家、「銀座まるかん」（日本漢方研究所）の創業者。

1993年以来、毎年、全国高額納税者番付（総合）６位以内にただ１人連続ランクインし、2003年には累計納税額で日本一になる。土地売却や株式公開などによる高額納税者が多いなか、納税額はすべて事業所得によるものという異色の存在として注目されている。

主な著書に、『変な人が書いた 人生の哲学』『「気前よく」の奇跡』（以上、ＰＨＰ研究所）、『絶対、よくなる！』（ＰＨＰエディターズ・グループ）、『強運』『人生に成功したい人が読む本』『知らないと損する不思議な話』『人生が楽しくなる「因果の法則」』（以上、ＰＨＰ文庫）、『斎藤一人 絶対、なんとかなる！』『斎藤一人 俺の人生』（以上、マキノ出版）、『お金の真理』（サンマーク出版）などがある。その他、多数の著書がすべてベストセラーになっている。

〈著者略歴〉
四辻友美子（よつじ　ゆみこ）
斎藤一人さんの名代・みっちゃん先生が社長を務める「みっちゃん先生商店」（銀座まるかん正規販売代理店）の主任。
15年前、ボランティアで「みっちゃん先生商店」を手伝ったところ、その働きぶりが一人さんの目に留まり、「みっちゃん先生商店」の社員に大抜擢。入社後は一人さんの豊かで楽しい教えを伝えながら、まるかんの中で売り上げ最下位だった「みっちゃん先生商店」を１位に押し上げ、今なおトップを走り続けている。

斎藤一人　励《はげ》まし力
あなたも周りの人も大成功！

2019年４月24日　第1版第1刷発行

著　者　四辻友美子
発行者　後藤淳一
発行所　株式会社ＰＨＰ研究所
東京本部　〒135-8137　江東区豊洲5-6-52
第二制作部ビジネス課　☎03-3520-9619（編集）
普及部　☎03-3520-9630（販売）
京都本部　〒601-8411　京都市南区西九条北ノ内町11
PHP INTERFACE　https://www.php.co.jp/

制作協力
組　版　株式会社PHPエディターズ・グループ
印刷所　大日本印刷株式会社
製本所　東京美術紙工協業組合

 ISBN978-4-569-84284-4

PHPの本

斎藤一人 白光《はっこう》の戦士

一瞬で幸せに変わる魔法

舛岡はなゑ 著

神さまから授かった「白光の剣」とは？　過去の悩み、怒り、イヤな思い出を一瞬で変えて自分も周りの人も幸せにする素敵なパワー。

定価　本体一、三〇〇円（税別）